COMUNICAR
es educar

**APRENDER Y ENTENDERNOS CON UNA MIRADA
SOCIO-EMOCIONAL**

**Mª JOSÉ
VENTURA SALVIA**

saralejandria
ediciones

Para ti, que has decidido seguir
aprendiendo y acompañarme en esta
emocionante aventura.

índice

PRÓLOGO

Bien, gracias. ¿Y tú?

Es curioso saber que con solo leer mi respuesta ya conoces la pregunta. Pero, ¿y si en lugar de caer en el formalismo te cuento la verdad?

Hoy, 22 de marzo de 2024 estoy mucho más que bien, me siento agradecido y orgulloso. Agradecido por poder sumarme con este prólogo al precioso movimiento que la autora lleva tiempo agitando con ánimo de mejorar la educación, y orgulloso porque, además de ser mi amiga y compañera, no hace mucho fue también mi alumna, lo que me ha permitido ver en ella un desarrollo personal y profesional tan grande como ilusionante. Digo que me ilusiona porque María José es el sol que emerge en mitad de la tormenta, llevando dentro de sí un caudal de ideas, ilusión y esperanza encaminado a mejorar los entornos de los que forma parte, por muy oscuros que puedan parecer.

Como ya imaginarás, los prologuistas somos los primeros afortunados en leer un libro, así que me vas a permitir que te adelante algo de lo que descubrirás en las siguientes páginas. Para ello, me tomo la licencia de hacerlo a mi manera y te pregunto: ¿Has pensado cuán distintas serían tus relaciones si pudieras transmitir con precisión aquello que sientes? ¿Cómo cambiaría tu vida si tuvieras la habilidad de negarte ante un plan o una propuesta poco apetecible? ¿Eres uno de esos afortunados capaces de expresar sus miedos y sueños abiertamente? ¿Cómo logras hacerte escuchar e influir en los demás?

Todas estas preguntas ahondan en una necesidad central para casi cualquier persona: saber comunicar y transmitir, tanto ideas como emociones. En mis clases, cuando evalúo intervenciones orales o trabajamos el arte de persuadir, hago especial hincapié en diferenciar tres habilidades:

el dominio de un tema, la capacidad oratoria y la destreza comunicativa. Siendo las tres tremendamente admirables, aquellos que comunican de manera excepcional tienen ganada la partida nada más comenzarla, ya que manejan la más afinada de las habilidades sociales, la capacidad de conectar con los demás.

Enganchar, cautivar, obnubilar, encantar... son variadas las formas de expresarlo, pero todas ahondan en la misma sensación de conexión y elevación para con el otro. Imaginarás, por tanto, lo capital que resulta esto para alguien que educa, siendo a la vez igual o más importante para el que está al otro lado.

Es ahí donde este necesario libro aparece como caído del cielo para cubrir una necesidad cada vez más acuciante, brindándonos una maravillosa oportunidad de seguir aprendiendo y dando rienda suelta a nuestra capacidad creativa en lo que a conectar con los otros se refiere. Es ahí donde se nos ofrece una nueva puerta a un modo más humano de establecer vínculos sanos, afectivos y afectivos, lo que supone una maravillosa oportunidad de crecer compartiendo y crear colaborando. Es ahí donde este libro abre paso a lo verdaderamente importante, quizás lo único realmente importante: las personas y cómo nos relacionamos con ellas.

Con esta breve introducción ya tienes lo necesario para iniciar la lectura de esta joya, así que tomo el honor y la responsabilidad de darte la bienvenida al maravilloso mundo de las emociones y la comunicación en la educación, donde encontrarás un sinfín de claves para entender tu entorno desde una mirada socio-emocional. Así que, sin demorarlo ni un segundo más, te dejo en manos de mi querida María José, no sin antes preguntarte: ¿Cómo estás?

Martín Sánchez Gómez
(Doctor en Psicología. Profesor universitario. Director del Máster en Inteligencia emocional de la Universitat Jaume I).

SOBRE MÍ

Desde que llego a recordar, siempre he sentido mucha curiosidad por aprender cosas nuevas. Sobre todo, de aquellos temas que me apasionan y me motivan, como es la educación.

Provengo de una gran familia de maestros y maestras, y desde pequeña he ido absorbiendo todo aquello que hablaban y transmitían acerca de la escuela, la enseñanza y el aprendizaje. Veía continuamente como preparaban actividades, hacían materiales, corregían exámenes... y toda la infinidad de cosas que hacen los maestros fuera del colegio, sobre todo si lo eres de forma vocacional. Me pasaba muchos ratos escuchando todo aquello que me explicaban, y que, sin darme cuenta, iba haciendo mella en mí, despertando mi inquietud por este mundo educativo.

Conforme iba creciendo, y con mi adolescencia y juventud, mis inquietudes cambiaron de rumbo. Conocí muy pronto al que iba a ser mi compañero de vida y enseguida decidimos estar juntos y formar una familia. Con la llegada de mis dos hijos, algo que estaba dormido en mí se despertó, y empecé a dar mis primeros pasos con la pedagogía y la didáctica con ellos en casa. Me apasionaba programar actividades, hacer asambleas familiares y llenar nuestro hogar de carteles motivadores. Me viene a la mente uno que decía "No somos adivinos, ¡comunícate!", menuda "casualidad" recordarlo ahora, ¿eh?

A la vez, tras el nacimiento de mi hija, la segunda, también cambié de rumbo laboral para tener más tiempo de ejercer mi maternidad con ellos dos. Así que empecé a trabajar como monitora de comedor en una escuela no muy lejos de casa. Allí surgió el detonante definitivo para darme cuenta de que lo que mi interior me pedía era dedicarme a la docencia y vivir rodeada de niños y niñas. Así que decidí prepararme para realizar la prueba de acceso a la universidad para mayores de 25 años. Y ¡vaya! Saqué la nota más alta de la escuela de adultos, con lo que podía elegir la carrera que cursar. La verdad, es que lo que yo siempre he querido estudiar fue pedagogía, pero la carrera más pedagógica a la que podía aspirar que estuviera cerca de casa era Magisterio Educación Infantil, así que esa fue mi elección ¡Bendita elección! Con 32 años, me convertí en madre trabajadora y universitaria... fue una etapa muy gratificante, pero reconozco que a la vez muy estresante.

En fin, que una cosa llevó a la otra, y acabé mi diplomatura con la mención del premio extraordinario por mis notas, hice un pequeño postgrado después, me titulé también como maestra de religión, en la titulación superior de valenciano, en el First Certifícate de inglés de Cambridge, me preparé unas oposiciones, y no sé cuantas formaciones y cursos más. (Moraleja: Si os lo proponéis, podéis hacer lo que queráis ¡nunca es tarde!).

Ahora seguro que entendéis el porqué de la primera frase de este texto en cuanto mi amor por el aprendizaje. Y ha sido ese amor y motivación por un tema en el que desde hace mucho voy profundizando lo que me ha llevado a cursar mi última hazaña, mi Máster en Inteligencia emocional y coaching. Fue tan revelador e inspirador, que es lo que hizo que mi vida volviera a cambiar de dirección y empezase a combinar mi trabajo educativo dentro de las aulas con realizarlo también fuera de ellas.

Y de todo este precioso caos y alboroto laboral es de donde nace este libro. De las ganas de comunicar y dar a conocer al mundo que existen maestras de vocación que queremos mejorar el bienestar de nuestros centros educativos y de todos aquellos que los componen, y que, además, creemos que una verdadera evolución educativa es posible. Simplemente has de estar dispuesta a ir plantando semillitas, aunque sean pequeñas, sin desanimarte, para que poco a poco vayan germinando, creciendo y abriéndose paso en las escuelas, las familias y la sociedad en la que vivimos.

Este es un libro que te invita a eso mismo, a evolucionar y sembrar. A darnos cuenta de que comunicar también es educar, más aún, ES educar. Es la esencia de la educación. Porque educamos y dejamos huella conforme a cómo somos y nos comunicamos. Porque creo firmemente que primero están las personas con su mundo socio-emocional, y desde esa mirada, después ya podemos etiquetarnos como maestros, alumnos, compañeros, etc. dependiendo del rol que desempeñemos. Y porque cuanto antes lo contagiemos y lo aprendan nuestros niños, pues mejor que mejor para sus vidas.

¡Ah! Y el camino a desarrollar desde los contenidos que transmitimos (o queremos transmitir), hasta lo que nuestro alumnado aprende, eso ya viene después...

ACLARANDO CONCEPTOS

Cuando hablamos de comunicación nos estamos refiriendo, por un lado, al **proceso de intercambio entre las personas, para transmitir o recibir información u opiniones.** Pero también, la comunicación humana es **la base de las relaciones sociales, ya** que nos comunicamos constantemente entre nuestros semejantes. Así pues, es fundamental saber comunicarnos con nosotros mismos y con los demás, ya que de ello dependerán nuestras relaciones personales, al igual que debemos detectar si nuestro modo de comunicación es eficaz. ¿Se entiende lo que digo? A través de ese proceso, podemos entendernos en muchos ámbitos diferentes de nuestras vidas, y para ello, necesitamos idiomas comunes.

Y no me refiero solo a los diferentes idiomas o dialectos que existen en el mundo, sino a poder utilizar y crear otros, que se ajusten a nuestras realidades y ayuden a transmitir aquello que necesitamos. En este caso, en el contexto educativo. Hemos de tener en cuenta, que una comunicación sana y afectiva entre los niños o adolescentes y sus educadores logra generar un vínculo emocional, tanto en la familia como en la escuela. Igualmente favorece el crecimiento personal y emocional, que permite un mejor desarrollo integral de los infantes, y, además, con mayor seguridad y confianza en sí mismos.

Este libro pretende potenciar la comunicación fluida entre docentes, discentes, padres, madres e hijos; y ser una guía útil, al alcance de todos los educadores o acompañantes, para llegar a crear ese idioma común que nos ayudará a poder entendernos en nuestro día a día evitando posibles conflictos y malentendidos.

"Lo que no se comunica no existe"
GABRIEL G. MÁRQUEZ

"Así como el aguarrás es para la pintura, y el salfumán para la suciedad, la comunicación es el disolvente universal para todas las relaciones"

ELEMENTOS QUE INTERVIENEN

En el proceso comunicativo intervienen diversos elementos, y los principales, aplicados aquí con ejemplos al ámbito escolar, son:

◆ **Emisor:** es la persona que transmite el mensaje à la maestra cuando explica en clase.

◆ **Receptor:** es la persona que recibe el mensaje à el alumnado que escucha a la maestra en clase.

◆ **Mensaje:** es la información que el emisor transmite à «el martes nos iremos de excursión".

◆ **Código:** es el conjunto de signos (verbales y no verbales) utilizados para hacer el mensaje à la lengua castellana.

◆ **Canal:** es el medio por el que se transmite el mensaje à aire, papel, ordenador,...

◆ **Contexto:** son las condiciones (espaciales, temporales, socioculturales...) en las que se produce todo el proceso comunicativo à la clase, el patio, ...

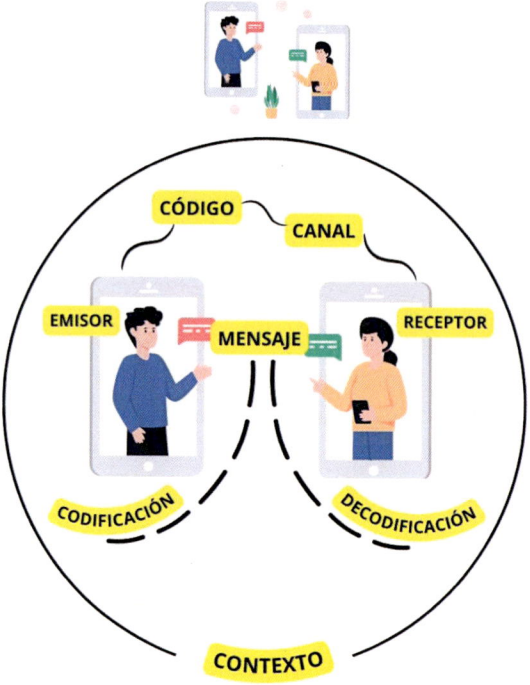

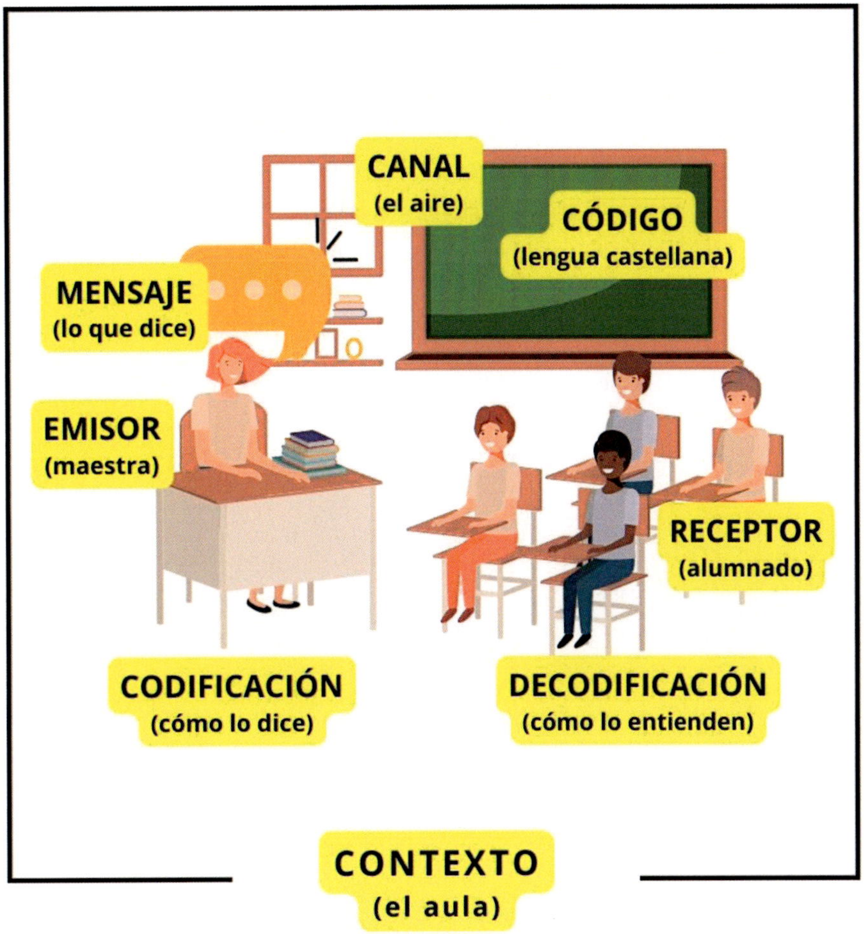

CANAL
(el aire)

CÓDIGO
(lengua castellana)

MENSAJE
(lo que dice)

EMISOR
(maestra)

RECEPTOR
(alumnado)

CODIFICACIÓN
(cómo lo dice)

DECODIFICACIÓN
(cómo lo entienden)

CONTEXTO
(el aula)

Para que la comunicación sea eficaz, es imprescindible que todos y cada uno de los elementos se lleven a cabo con coherencia y se complete correctamente todo este proceso comunicativo. Por el contrario, una comunicación que no desarrolla todos sus elementos es una comunicación ineficaz, que es la base de muchos malentendidos y conflictos que surgen en nuestras relaciones interpersonales.

Como docentes, debemos asegurarnos de que nuestra acción comunicativa sea lo más eficaz posible. Que llegue a nuestro alumnado, que sea entendible y se decodifique correctamente.

"Muchos de nuestros problemas en la vida son, en realidad, problemas de comunicación"

EMILIO VALCÁRCEL

Para ello, hemos de tener en cuenta que todo el circuito comunicativo, incluidos todos sus elementos y sus etapas, se complete. Esto implica, desde el desarrollo de la idea del emisor, hasta la respuesta de vuelta del receptor.

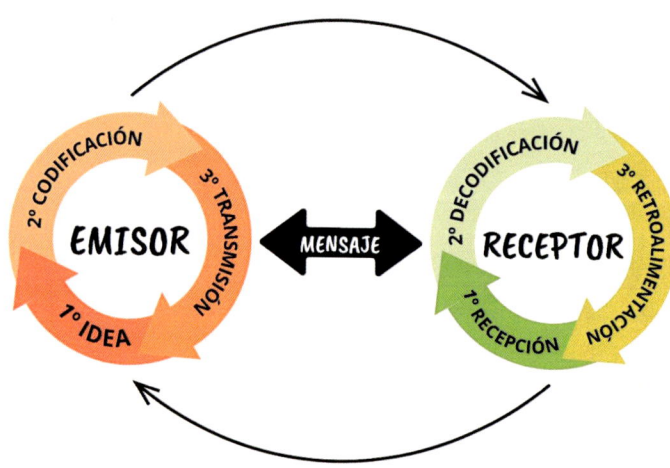

Y recalco este punto de completar todo el circuito, porque hoy en día, debido al uso y abuso de la comunicación a través de las pantallas, no se tiene en cuenta muchas veces que se complete. Esto genera en las personas multitud de malestares, malentendidos, conflictos, desavenencias, y en resumen, muchos problemas que nos podríamos ahorrar simplemente no dejando abierto nuestro ciclo de comunicación.

En código QR de descarga de este bloque, que se encuentra al final, hay una corta historia, con la que podemos hacernos a la idea de esos posibles problemas que acarrea la falta de comunicación. Se titula **"El cuento de la sopa".**

Aunque fundamentalmente nos comunicamos a través de dos tipos comunicativos, existen muchas más clasificaciones que podemos tener en cuenta a la hora de expresar nuestras ideas. Aquí tenéis varios ejemplos.

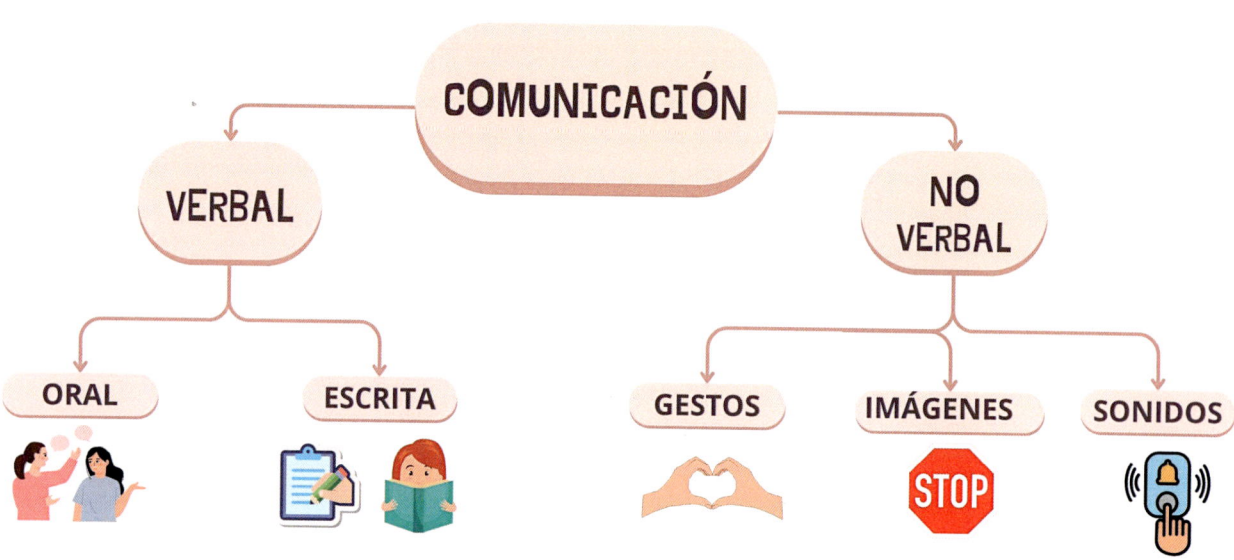

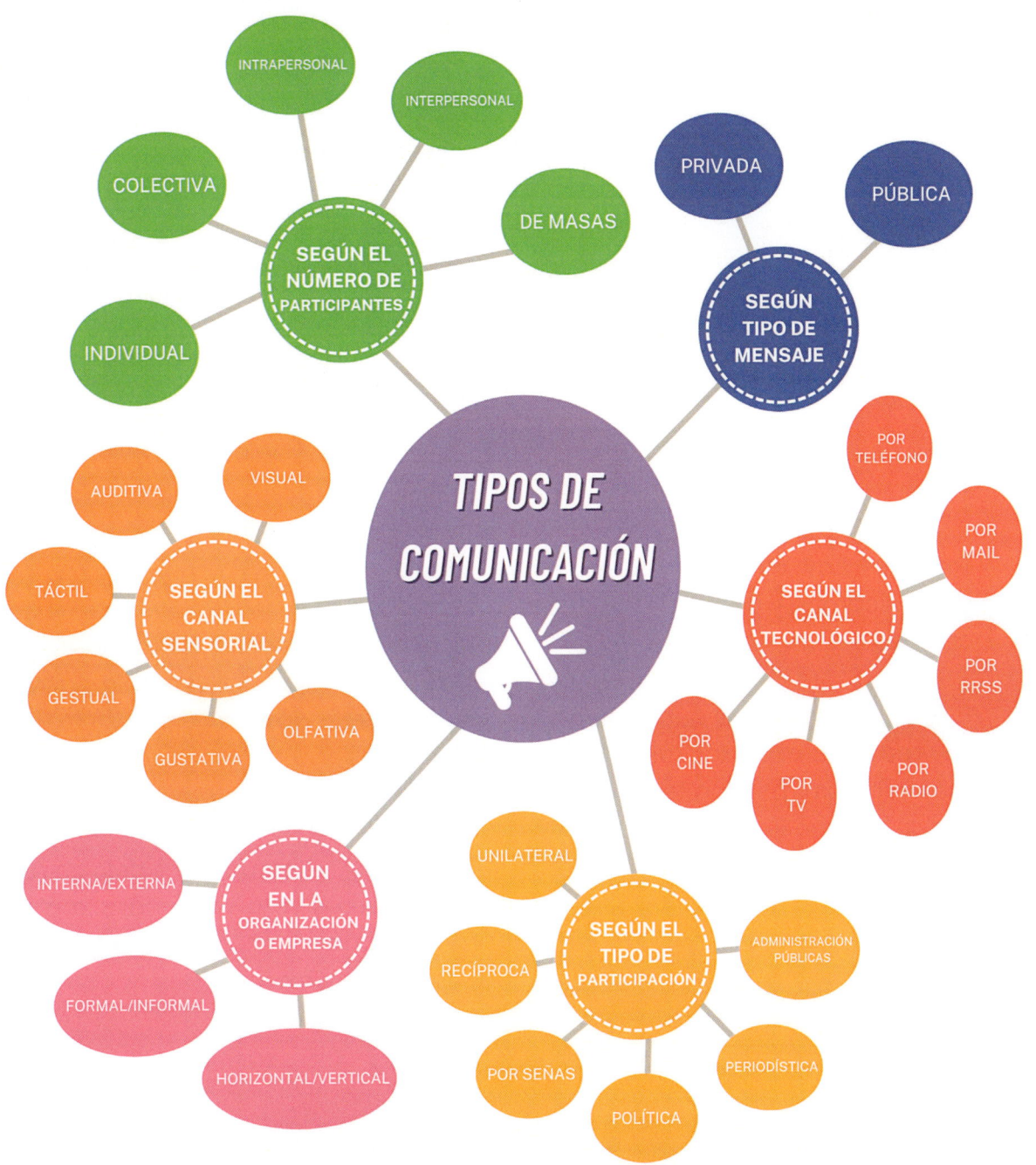

ESTILOS COMUNICATIVOS

"La comunicación es la mejor forma de crear relaciones fuertes"

JADA PINKETT SMITH

También hay diferentes formas de comunicarnos, y de entre ellas destacan tres estilos:

El estilo Pasivo: en el que se tiene dificultad para expresar tus opiniones, sentimientos o pensamientos: "no importa...", "como tú prefieras...".

El estilo agresivo: donde se suele atacar a los derechos de los demás a través del insulto, la ofensa o la amenaza: "por tu culpa", "más te vale", "eres...".

El estilo asertivo: en el que se trata de expresar tus derechos, tus opiniones y realizar sugerencias de forma clara, sin caer en la agresividad o la pasividad, respetando a los demás y tus propias necesidades. Posee varios pasos o etapas del mensaje comunicativo.

Dentro del QR, también os dejo un recurso que os va a servir para implementar una forma de comunicarnos más asertivamente: **"8 pasos para una comunicación asertiva".**

¿QUÉ RELACIÓN EXISTE ENTRE LA EMOCIÓN Y LA COMUNICACIÓN?

Pues la relación entre estos dos conceptos es muy estrecha. Es más, nos comunicamos (tanto como emisores, o como receptores) dependiendo de qué emociones o sentimientos tengamos y qué estado de ánimo poseamos en ese momento. No es lo mismo tener que dar una clase o hablar con tus hijos cuando te sientes contenta, o tienes un "buen día"; que cuando estás triste o estresada, ¿no?

> **REFLEXIONAMOS:**
>
> "¿Os habéis comunicado alguna vez desde la rabia? ¿De qué manera? ¿Cuál ha sido el resultado?" ¿Te comunicas igual cuando estás nervioso que cuando estás en calma?

Por eso mismo, cualquier persona, necesita desarrollar su inteligencia emocional a través de una educación emocional práctica y efectiva.

Si **hablo de Inteligencia Emocional**, me refiero a la "**... habilidad para percibir los sentimientos propios y los de los demás, distinguir entre ellos y servirse de esa información para guiar el pensamiento y la conducta de uno mismo**" (Salovey).

Esta habilidad la voy a enfocar atendiendo a tres variables: percepción de las emociones, comprensión y regulación. Yo aquí, me voy a centrar en un modelo que se aplica en ambientes escolares y clínicos; y se concentra en comprender las emociones que transitamos para así poder regular nuestros propios procesos. Es el Modelo de Extremera y Fernández-Berrocal (Adaptación del Modelo de Mayer y Salovey).

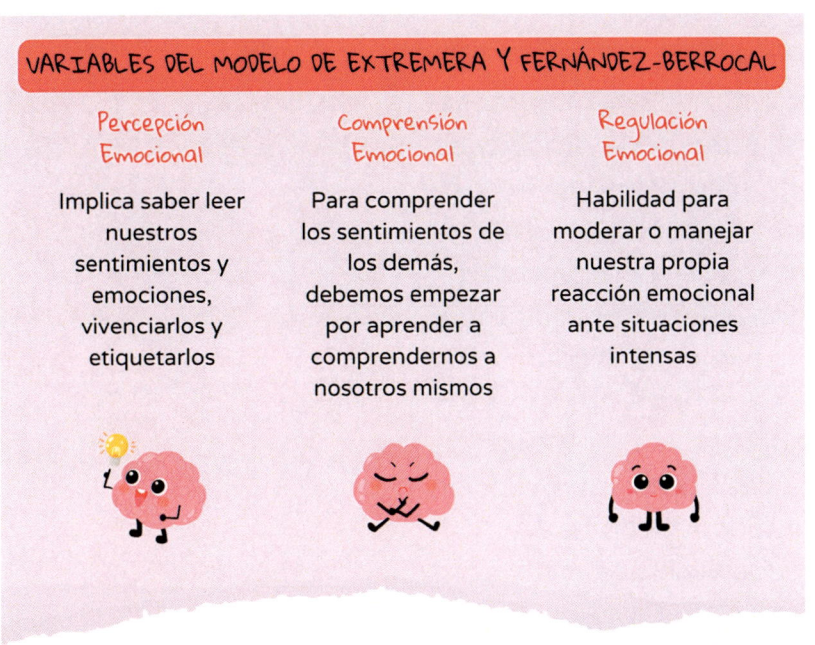

VARIABLES DEL MODELO DE EXTREMERA Y FERNÁNDEZ-BERROCAL

Percepción Emocional	Comprensión Emocional	Regulación Emocional
Implica saber leer nuestros sentimientos y emociones, vivenciarlos y etiquetarlos	Para comprender los sentimientos de los demás, debemos empezar por aprender a comprendernos a nosotros mismos	Habilidad para moderar o manejar nuestra propia reacción emocional ante situaciones intensas

El otro concepto que hemos de tener en cuenta y diferenciar del anterior se refiere a la **Educación Emocional**, que se define como **"un proceso educativo, continuo y permanente, que pretende potenciar el desarrollo de las competencias emocionales como elemento esencial del desarrollo humano, con objeto de capacitarle para la vida y con la finalidad de aumentar el bienestar personal y social"** (Bisquerra, 2000). Así pues, como dicho proceso, ha de estar presente en los individuos desde el nacimiento hasta la vida adulta, todo un ciclo vital. Es por lo que nos acompaña a lo largo de cada etapa educativa y hemos de tenerlo muy presente.

Algunos de los objetivos de la Educación Emocional son: mejorar el conocimiento de las propias emociones, identificar emociones propias y ajenas, etiquetar emociones correctamente, saber regular las emociones, desarrollar la tolerancia a la frustración, prevenir efectos de las emociones negativas y generar positivas, forjar una sana autoestima, automotivación, etc. Igualmente, la adquisición de estas competencias emocionales, pueden ser aplicadas en multitud de situaciones tales como la prevención del estrés, ansiedad, depresión, consumo de drogas, violencia, etc.

"Para llevar a cabo una correcta educación emocional se ha de seguir una metodología práctica que favorezca el desarrollo de las competencias socio-emocionales"

UNA COMUNICACIÓN EDUCATIVA Y AFECTIVA

REFLEXIONAMOS:

"¿Cómo hacemos para que llegue nuestro mensaje de una forma eficaz? Clave: Con efectividad, afectividad, emoción y motivación."

Si aplicamos lo anterior a nuestro contexto educativo, resumiré que, la inteligencia emocional es una habilidad que utilizamos para saber percibir, regular y comprender las emociones propias y ajenas. Si entrenamos y perfeccionamos esta habilidad en nosotros mismos, y en nuestros niños y niñas a través de la educación emocional, conseguiremos a su vez, desarrollar otras habilidades o competencias y contribuir a terminar con el analfabetismo emocional existente en las aulas en particular, y en la sociedad en general. Se trata de comunicarnos emocionalmente, y de este modo, todos los que componemos la acción educativa, podremos desarrollarnos íntegramente y conseguir aumentar nuestro bienestar personal y social, mediante esta forma de comunicarnos.

También, esta comunicación educativa-afectiva, se convierte en una herramienta pedagógica y didáctica necesaria para lograr un vínculo entre los todos miembros de la comunidad educativa: docentes, alumnado, familias, personal no docente...; y hace que los niños, niñas o jóvenes, que son el núcleo de esta comunidad, se sientan integrados y miembros activos de ella para favorecer su crecimiento y desarrollo total.

"La forma en que nos comunicamos con otros y con nosotros mismos determina la calidad de nuestras vidas"

TONY ROBBINS

REFLEXIONAMOS:

"¿Cuál es mi forma habitual de comunicarme con mi alumnado?"

COMUNICAR, EDUCAR Y ACOMPAÑAR

¿CÓMO NOS COMUNICAMOS EN LAS AULAS?

Hemos de plantearnos muy bien la respuesta a esta pregunta, si lo que buscamos construir es una escuela sana, curada de malestares y dolencias; y preparada con unas nuevas estrategias y habilidades que fomentan una sana convivencia, para afrontar nuevos retos y nuevas realidades educativas.

"Educar no consiste en llenar un vaso vacío, sino en encender un fuego latente"

LAO TSÉ

Si buscamos en el diccionario de la Real Academia Española de la lengua (RAE), la definición de la palabra educar, encontraremos varias acepciones. La primera que encontramos es "dirigir, encaminar, doctrinar". Esta definición lleva implícito el concepto de que hay alguien al que dirigir o adoctrinar, y que también lo hay para que dirija o adoctrine; alguien que posee conocimiento y otro que no. Se percibe la imagen de un recipiente vacío que hay que llenar, luego se define una gran desigualdad.

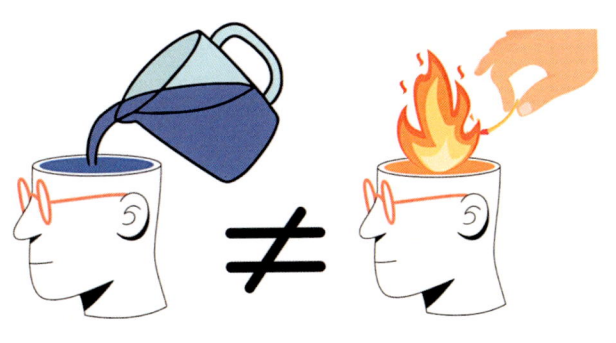

Pero si miramos la siguiente acepción, leemos **"desarrollar o perfeccionar las facultades intelectuales y morales del niño o del joven por medio de preceptos, ejercicios, ejemplos, etc.".** Aquí, se deja ver que la persona a la que educar ya posee unas facultades, y que hay alguien que le ayuda y le acompaña a desarrollarlas, no es un contenedor vacío. Ese alguien adulto que coge de la mano al niño o joven y camina con él durante el proceso de enseñanza-aprendizaje que transitan juntos. Así es como queda reflejada la gran diferencia entre el concepto de educar y el de acompañar.

Asimismo, hay otras palabras muy utilizadas en el ámbito educativo, que me gustaría que quedaran muy claras, para poder hablar un mismo idioma cuando nos referimos a ellas.

ENSEÑAR	Instruir, doctrinar, amaestrar, con reglas o preceptos. Dar advertencia, ejemplo.
AYUDAR	Prestar cooperación. Auxiliar, socorrer. Valerse de la cooperación de alguien.
CUIDAR	Poner diligencia, atención y solicitud en la ejecución de algo. Asistir, guardar.
ACOGER	Servir de refugio o albergue a alguien. Proteger, amparar. Admitir, aceptar.
ACOMPAÑAR	Estar o ir en compañía de otra persona. Participar en los sentimientos de alguien

Igualmente, y para que veamos la gran diferencia que existe a través de unos matices en el léxico, distinguimos entre:

VISIÓN
Acción y efecto de ver.

VS

MIRADA
Modo de mirar, expresión de los ojos.

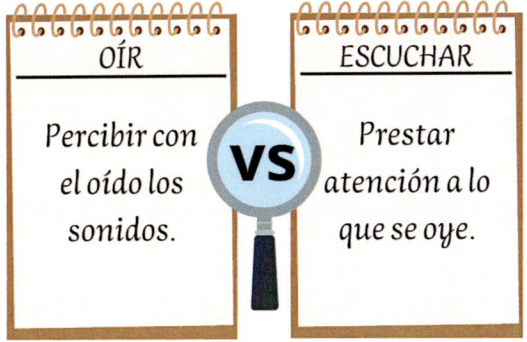

OÍR
Percibir con el oído los sonidos.

VS

ESCUCHAR
Prestar atención a lo que se oye.

VER
Percibir con los ojos algo mediante la acción de la luz

VS

MIRAR
Observar las acciones de alguien. Atender.

La pequeña y a la vez enorme diferencia entre estas palabras es la atención. Va mucho más allá de nuestra capacidad sensitiva. Va de ser conscientes de hacia qué o dónde dirigimos nuestra atención, en la forma en la que miramos o escuchamos. Dónde ponemos nuestro foco. Este es un punto de inflexión en el "cambio de mirada educativo" del que tanto se habla hoy en día.

"Oír es para el sonido y escuchar para el mensaje"

> "Dejemos de enseñar a los estudiantes del siglo XXI como a los del siglo XIX"

En la actualidad, y bajo el prisma social actual, se hace necesario e indiscutible un cambio de mirada en el paradigma educativo. Creo que el primer cambio preciso es en la **direccionalidad.** Debemos salir de esa mirada vertical, donde el maestro está por encima de sus alumnos, y ellos siguen sentados en sus pupitres mirándole, como meros espectadores, esperando a ser atendidos eficazmente. Ese tipo de mirada ha de cambiar hacia una dirección horizontal, en el que todos los implicados en el proceso educativo se miren desde el mismo punto, ni más arriba ni más abajo. En el que los **espectadores pasen a ser protagonistas** y viceversa, y se construya un verdadero plan basado en necesidades e intereses reales.

Otro de los cambios imprescindibles es el de la mirada adulta a la infancia. Los docentes debemos ponernos unas **lentes exentas de juicio externo** y más revisión y detección interna de los errores, desde la calma y la aceptación. Un adulto-educador que aplica normas y límites respetando el ritmo, procesos madurativos, necesidades e intereses de los niños y niñas; y no pasa su jornada dirigiendo unas actividades que, muchas veces, carecen de sentido para ellos. Un adulto que posee un pensamiento crítico y reflexiona continuamente sobre los métodos, el sistema escolar y su rol y su papel dentro de él.

En definitiva, una mirada que pone el foco en los infantes, como protagonistas de su propio proceso vital y de aprendizaje. Una forma de mirar más allá de lo aparente, dirigida a la solución y a lo que une. Una mirada sisté-

mica que entiende la compleja interacción de las necesidades de cada individuo, y donde se comprenda que esa variedad o alteración de uno de sus elementos influye directamente en los demás y en todo el conjunto.

"El único verdadero viaje de descubrimiento consiste no en buscar nuevos paisajes, sino en mirar con nuevos ojos"

MARCEL PROUST

EL PAPEL DEL ADULTO ACOMPAÑANTE

"Por si alguien no se ha dado cuenta, el conocimiento está en Google, así que enseñemos y aprendamos aquello que es imprescindible para la vida"

Para alcanzar un acompañamiento de manera real y eficaz, el **docente-acompañante** ha de estar dispuesto a hacer un trabajo personal y de mirada introspectiva, preguntándose qué hace, por qué lo hace y en qué beneficia a los niños y a él mismo. Ha de comprender que todos ellos ya disponen de herramientas para percibir e interpretar el mundo, y que tienen la capacidad para tomar decisiones propias. Ellos son **auténticos y capaces** de hacer por sí mismos, si los que los acompañan les preparan las condiciones adecuadas.

Este rol del educador implica saber cuál es el siguiente escalón al que hay que llegar, y desde el conocimiento profundo de saber a quiénes se tiene delante, poder ofrecer posibilidades, materiales, retos, preguntas, oportunidades... estando **presentes y disponibles.** Nuestro punto de partida ha de ser la realidad del aula que tenemos, con su actual diversidad y bajo el **prisma inclusivo,** que nos debe servir para que miremos atentamente a quienes tenemos delante y así, nuestras decisiones se centren en sus necesidades e intereses. Para que esto sea posible, debemos centrarnos **primero en las personas** y sus emociones o estados, y luego ya podemos elegir nuestras metodologías, contenidos, saberes, ...

"Nada ha cambiado, excepto mi actitud, por eso todo ha cambiado"

ANTHONY DE MELLO

Aquí os dejo otro recurso, que os podréis **descargar a través del QR,** y que resulta muy útil para conocer mejor a nuestro alumnado y poder ver más profundamente la realidad a la que nos enfrentamos día a día: **"Conocer mejor a mi alumnado".**

Vemos que es necesario que el acompañante-adulto debe asistir con amor, respeto y responsabilidad y eso se transfiere a cualquier campo, ya sea de aprendizaje, intelectual, social o emocional. El niño requiere la ayuda, asistencia y el andamiaje de una persona capaz, referente e inteligente emocionalmente, pues no olvidemos que nosotros somos su primer recurso de gestión emocional. Solo hace falta estar un rato con ellos, para darnos cuenta de las veces que reclaman nuestra atención y nuestra ayuda para gestionar sus dificultades propias, o con el resto.

Lo primero a tener en cuenta es **establecer un espacio apropiado y un vínculo afectivo** niño-acompañante, donde se sienta querido, valorado y seguro. Así se generará la confianza necesaria para compartir y expresar las emociones y sentimientos con una persona que no es extraña y te comprende, pues esta es la forma de empatizar con las situaciones que vive el alumnado.

LA EDUCACIÓN Y EL ACOMPAÑAMIENTO EMOCIONAL

"El acompañamiento emocional es el apoyo o ayuda a otra persona, desde la presencia y la escucha, mostrando comprensión y entendimiento, pero sin dirigir, invadir ni intentar gestionar, cambiar o apropiarnos de la vivencia emocional del otro. Es más saber estar, que saber hacer"

Después de haber distinguido entre los conceptos educar y acompañar, me referiré a partir de ahora al acompañamiento emocional, en lugar de a la educación emocional, pues como ya hemos visto, este matiz nos cambia la mirada docente completamente.

El acompañamiento emocional sano evita juicios, valoraciones y adjetivos calificativos, cuando hay otra persona que te comparte lo que le está pasando. Se ha de aceptar y reconocer sus sentimientos y emociones como válidas, sin desmerecerlas ni sentenciar opiniones. Igualmente, se debe reflejar el pensamiento adulto hacia el alumnado siempre desde nuestras emociones, y así servir de modelo de actuación. Para ello, debemos de desarrollar nosotros primero estas habilidades socio-emocionales, pues no podremos enseñar aquello que no sabemos.

> "No se enseña lo que se quiere; diría incluso que no se enseña lo que se sabe o lo que se cree saber. Solo se enseña y solo se puede enseñar lo que se es"
>
> JEAN JAURÈS

Acompañar y educar (en el sentido más amplio) es también sostener a nivel emocional, y ofrecer recursos para que los niños lleguen a poder identificar y gestionar sus propias emociones. Debemos desarrollar un **acompañamiento emocional respetuoso,** validando todos sus sentimientos.

No negar
la emoción
existente.

Empatizar
ofrecer tiempo
y espacio

No distraer
la emoción
todas son
válidas

ACOMPAÑAMIENTO
EMOCIONAL
RESPETUOSO

Sostener
emociones,
aunque sean
desagradables

Nombrar y
comunicar
la expresión
de la emoción

Estar en
presencia
y atención

Acoger
cualquier
forma de
sentirse

En cuanto a educación y emoción, creo que acompañar emocionalmente a nuestros niños y niñas es el primer paso del cambio educativo. Además, como ya ha quedado probado científicamente, el estado emocional del alumnado es determinante para su capacidad de aprendizaje.

Así pues, debemos acompañar eficazmente al alumnado sin dejarnos arrastrar por sus emociones y ser conscientes de que esa frustración sentida a veces, también forma parte de su conocimiento, descubrimiento y exploración del mundo. A su vez, acompañar adecuadamente algunos momentos de desbordamiento emocional en los niños, se convierte en una oportunidad para mostrarles que nuestra comprensión y amor por ellos no tiene condiciones, y que igualmente, aunque no tengan emociones agradables, el mundo es un lugar acogedor. Poder acompañar

una emoción y a quien la siente, es una oportunidad que vale la pena aprovechar, ya que puede prevenir malestares o padecimientos futuros.

"Acompañar las emociones hoy, puede generar un efecto vital en el futuro"

REFLEXIONAMOS:

"¿Cuál es el trato que tengo con mi alumnado? ¿Qué emociones expreso o no expreso ante ellos? ¿Qué emociones me expresan y cómo les acompaño?

¿CÓMO SER Y HACER PERSONAS COMPETENTES?

> "Ser profesional no significa tener un título. Significa ser competente en lo que haces"
>
> LINKEDIN

UN CAMINO POR RECORRER

Para llegar a ser nosotros mismos o hacer personas competentes en algún aspecto de sus vidas, es imprescindible la práctica y el entrenamiento necesarios para adquirir nuevos hábitos, desarrollar habilidades o adquirir nuevas capacidades. Pero ¿Qué significan cada una de estas palabras? ¿Cómo llegar a ser competente?

Pues vamos ahora a dar algunas claves para ello.

1 HABILIDAD: Capacidad, destreza y disposición para algo o ejecutar algo.

2 CAPACIDAD: Cualidad de capaz: Apto, con talento o cualidades para algo.

3 COMPETENCIA: Aptitud o idoneidad para hacer o intervenir en algo.

4 COMPETENTE: Que tiene competencia: es apto o idóneo para hacer algo.

Con esta imagen vemos que es cuestión de un camino a recorrer, ya que:

1º Entrenando las habilidades (tus destrezas).

2º Amplías tus capacidades (serás más apto y con más cualidades).

3º Adquieres la competencia (tendrás aptitud).

4º Te conviertes en competente (lograrás ser apto o idóneo).

Así que la clave está en entrenar nuestras **habilidades**, y las de nuestros niños y niñas, o incluso adquirir nuevas. ¿Y qué hacemos para eso?

Podemos seguir esta fórmula:

TIEMPO/PRÁCTICA + OBJETIVO CLARO + DIVISIÓN EN PASOS + RESPONSABILIDAD = ÉXITO

"Todos somos genios. Pero si juzgas a un pez por su capacidad de trepar árboles, vivirá toda la vida pensando que es un inútil"

ALBERT EINSTEIN

Ahora os dejo para descargar, algunas plantillas que os pueden ayudar a tener una planificación más concisa de vuestros objetivos para alcanzar el éxito perseguido. **"Conseguir mis objetivos", en el QR de este bloque.**

LAS HABILIDADES IMPRESCINDIBLES PARA ENTENDERNOS

Aunque existen muchos tipos y clasificaciones de habilidades, fundamentalmente se agrupan en tres grandes conjuntos:

◆ **Las habilidades intelectuales o cognitivas:** son aquellas que se relacionan con el procesamiento de la información: memoria, atención, percepción, creatividad, y pensamiento abstracto.

◆ **Las habilidades sociales:** están relacionadas con las relaciones humanas: comunicación, emociones, afectividad, laborales...

◆ **Las habilidades físicas o motrices:** tienen que ver con la actividad física y la coordinación motriz: perceptivas, estabilidad, movimiento, gruesa, fina, personas y objetos...

Nosotros nos vamos a centrar en las segundas, a las que llamaremos socio-emocionales. Dentro de ellas vamos a escoger aquellas que nos van a ser imprescindibles entrenar o implementar para tener mejores, y más sanas relaciones en las aulas, y así comunicarnos y entendernos mejor. Y aunque delimitemos el concepto aula, es extensible tanto a docentes, como a discentes y familias en sus hogares.

Vamos a clasificar estas **habilidades socio-emocionales y comunicativas** en dos grupos: unas intrapersonales y otras interpersonales o sociales. Dentro de ellas, iremos viendo diferentes propuestas de actividades y recursos para trabajar tanto en la escuela como en casa.

HABILIDADES INTRAPERSONALES:

Se refieren a **uno mismo**, a mi relación conmigo. Son aquellas que poseemos y adquirimos para relacionarnos con nosotros mismos y conocernos de forma interna, e influirá también en el modo que lo hacemos de forma externa, hacia los demás. Trataremos, en concreto, tres de ellas, que son los componentes básicos de la inteligencia emocional.

◆ **Percepción emocional**

◆ **Comprensión emocional**

◆ **Gestión emocional**

> "Háblate a ti mismo como harías con alguien a quien amas"
>
> BRENE BROWN

HABILIDADES INTERPERSONALES O SOCIALES:

Se refieren a **mi relación con los demás.** Son las que poseemos, manejamos y adquirimos en relación con el resto de las personas y serán reflejo en nuestras relaciones personales y sociales. En este apartado, abordaremos las tres que son indispensables en cualquier acto comunicativo para que sea afectivo y efectivo.

◆ **Empatía**

◆ **Asertividad**

◆ **Escucha activa**

Os dejo, para terminar este apartado, con un par de herramientas descargables muy útiles a la hora de poder comunicarnos de una forma más afectiva, asertiva y empática. También tenéis un enlace donde podéis realizar una prueba para comprobar vuestro nivel de empatía. Son: **"El mensaje perfecto"** y **"Test de empatía"**, los últimos recursos **del QR de este bloque.**

¡ACCEDE DESDE AQUÍ A TODOS LOS MATERIALES DESCARGABLES DEL BLOQUE 1!

PRÁCTICAS PARA DESARROLLAR LAS HABILIDADES EN EL AULA

> "Las habilidades no se gastan:
> mientras más las usamos, más hábiles somos"
>
> EDUARDO KASTIKA

NUEVA HABILIDAD

CARGANDO...

Pues ahora pasamos a una parte más práctica, donde os propongo actividades para trabajar con nuestros niños y niñas algunas **habilidades socio-emocionales y comunicativas** en el aula y también en casa. Primero vamos a centrarnos es los tres tipos de habilidades intrapersonales que son la **percepción, comprensión y gestión emocional;** para que aprendan a reconocer, diferenciar y etiquetar a través de un lenguaje emocional necesario y así, entender qué les pasa, poder expresar lo que sienten y comprender igualmente a los demás. Y después veremos los tres tipos de habilidades interpersonales imprescindibles que son la **empatía, la asertividad y la escucha activa.**

Dentro de cada una de ellas encontraréis sus definiciones y aplicaciones prácticas a través de **juegos y dinámicas** muy sencillas, divertidas y motivadoras. Todas estas propuestas están basadas en el pilar esencial de la infancia: el juego. A través de él, el niño va aprendiendo y desarrollándose de forma natural, y es un gran aliado para practicar y desarrollar habilidades y capacidades.

En cuanto a nuestra interacción como persona adulta que les acompaña en sus aprendizajes y descubrimientos, esta ha de ser lo más respetuosa y afectiva posible. También hemos de tener en cuenta en nuestras intervenciones, que somos modelos para ellos, así que debemos empezar a

desarrollar y potenciar nuestras habilidades y competencias, para luego poder acompañar a los niños y niñas con las suyas propias.

Antes de realizar cualquier actividad, es esencial que expliquemos bien las propuestas al alumnado, y además, tras ellas, propiciar la reflexión en torno a lo que ha pasado, cómo nos hemos sentido y qué hemos aprendido.

Y aquí os dejo algunas propuestas que he seleccionado con mucho cariño y que podéis poner en práctica desde ya mismo con vuestros niños. Al final de este bloque, encontraréis un **código QR** donde os podéis descargar **todos los materiales que se utilizan para realizar todas las actividades.**

LA PERCEPCIÓN EMOCIONAL

Es la habilidad para identificar y reconocer las emociones en uno mismo y en los demás. Este es el primer paso para que conozcan cómo se sienten ellos mismos y los demás, a través de las señales físicas, cognitivas y conductuales, que experimentamos los seres humanos cuando nos aborda una emoción.

"SIN PALABRAS"

Material: Tarjetas con imágenes de diferentes emociones y estados.

Desarrollo: Distribuidos en gran grupo o en pequeños grupos, un niño o niña coge una tarjeta de la caja y a través, solo de la mímica, ha de representar la emoción o estado que se describe en la imagen de esta. Quien la adivine será el siguiente en coger una nueva tarjeta y representarla al resto.

Acompañamiento: Podemos preguntar a los niños cómo han averiguado la emoción que ha sido representada. Qué rasgos físicos han visto en la representación y si coinciden con los de las tarjetas.

"Encontrar la mitad"

Material: Mesa sensorial o 2 bandejas diferentes, arroz o algún fondo sensorial, tarjetas cortadas en dos mitades y plantilla base para construir las imágenes de las diferentes emociones y estados.

Desarrollo: En una de las bandejas que contienen arroz de colores, se encuentran la mitad de las tarjetas que tienen una imagen de una emoción con su nombre. En la otra bandeja, están las otras mitades. Los infantes deben de ir buscando mitades de cada tarjeta e ir situándolas en la plantilla base. Las emociones y estados se van verbalizando mientras se van construyendo.

Acompañamiento: Las parejas que van encontrando las mitades, pueden ir representando esa emoción al resto. Hay dos tipos de dificultad en la plantilla base, una tiene el nombre de la emoción y la silueta de la imagen, y otra solo el nombre.

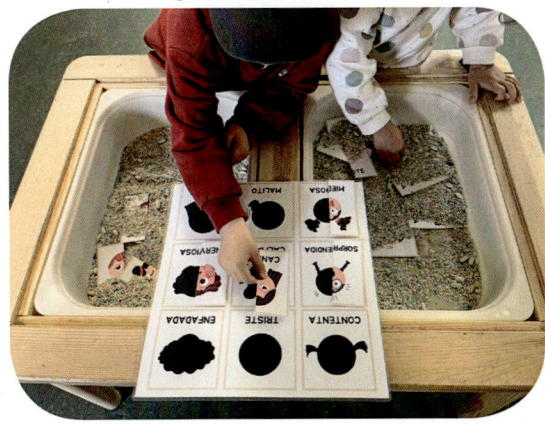

"Pintar Emociones"

Material: Acuarelas, pinceles, papel y música muy diversa.

Desarrollo: Mientras va sonando la música de diferentes canciones y estilos musicales, los niños van pintando en el papel con el pincel a través de la emoción que les va despertando esa música.

Acompañamiento: Tras cada pieza musical hacemos una parada para que nos expresen qué emoción les sobrecoge y por qué. También, al final, vemos las producciones artísticas y qué nos dicen. Una buena manera de que ellos vean cómo expresan sus emociones a través del arte, es grabar la actividad en vídeo y luego visionarla y analizarla juntos.

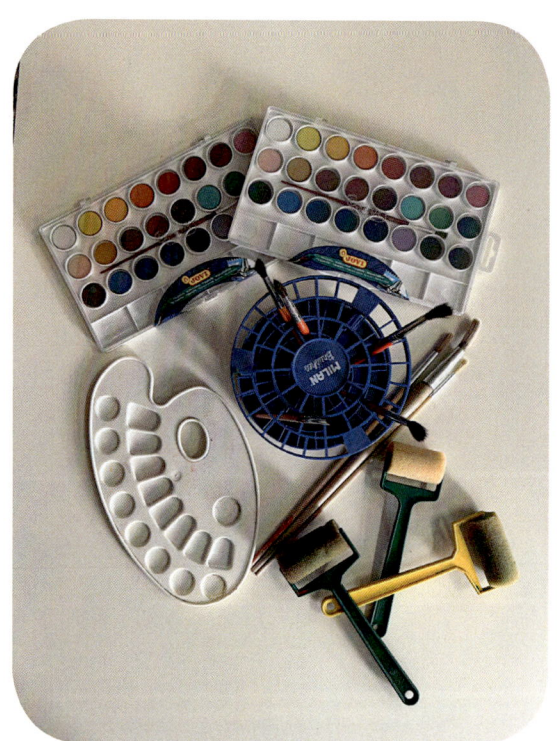

"EMOCIONES DE CUENTO"

Material: Un cuento tradicional: Caperucita, Cenicienta, Blancanieves... En este caso he utilizado un Kamishibai y el cuento de Caperucita roja adaptado en Din-A3.

Desarrollo: Sentados en círculo, el adulto va leyendo el cuento y enseñando sus imágenes. Se trata de ir analizando cuál sería la emoción que van sintiendo cada uno de los personajes que van saliendo en la historia. Puede ser a través de preguntas sobre la situación que viven, o mirando detenidamente las imágenes con los gestos.

Acompañamiento: Podemos realizar tarjetas con algunas imágenes extraídas del cuento, y así luego clasificarlas y analizarlas para ver qué tienen en común, aunque las hayan experimentado personajes diferentes.

LA COMPRENSIÓN EMOCIONAL

Se denomina también autoconciencia emocional. Es tomar conciencia de las propias emociones e interpretarlas, conocerlas y nombrarlas. Esta es la llave que abre la puerta para desarrollar la siguiente habilidad, y las posteriores.

TRISTEZA
FELICIDAD
ALEGRÍA
AMOR
ORGULLO
RABIA
MIEDO
ASCO

"¿CÓMO SE SIENTEN LOS PERSONAJES?"

Material: Imágenes-marionetas de diferentes personajes conocidos por los niños y niñas, representando diferentes emociones. En este caso he utilizado las de superhéroes, Bluey, Pokémon y Patrulla canina.

Desarrollo: Repartimos las marionetas a diferentes niños sentados en gran grupo. En el orden que queramos, vamos haciendo que ellos vayan levantando la imagen y les vamos preguntando ¿Cómo está...? ¿Por qué crees que se puede sentir así? Y luego los dejamos en el centro del círculo para ir agrupándolos por cada emoción que vaya saliendo.

Acompañamiento: Hacemos un seguimiento de observación y documentación sobre las diferentes propuestas de las situaciones que nos explican los niños. Así, luego tener podemos tener un registro de qué expresa cada uno en diferentes actividades.

"CADA SITUACIÓN CON SU EMOCIÓN"

Material: Imágenes grandes de diferentes emociones y estados, y aros.

Desarrollo: En el suelo del aula o del patio repartimos algunos aros que contienen dentro imágenes de distintas emociones. Los niños y niñas están dispuestos en una línea o apoyados en la pared frente a los aros.

Describimos una situación cotidiana que les puede pasar, y al terminar, se han de colocar alrededor del aro que crean que representa la emoción descrita. El alumnado ha de explicar por qué se ha colocado ahí.

Acompañamiento: Podemos ir aumentando la dificultad y el número de emociones y aros. También podemos hacerlo de una forma más fácil al principio, donde todos participan a la vez, pero también podemos ir haciendo que vayan de uno en uno y que el resto diga si está de acuerdo.

"EL DADO EMOCIONAL"

Material: Dado con bolsillos e imágenes de emoticonos emocionales.

Desarrollo: Vamos tirando el dado por turnos y vamos representando como estatuas la emoción que sale en el emoji. Podemos hacerlo de forma individual, en pequeños grupos, o todos juntos.

Acompañamiento: Cuando sale la opción del dado, los infantes han de representar el estado físico y asociarlo a una situación ya vivida. Podemos ir agrupando por emociones las situaciones que nos describen los niños y anotarlas, para luego tratarlas en un debate y así desarrollar también la empatía.

"LA ESPIRAL MUSICAL"

Material: Folios de colores, instrumentos musicales y música. En este caso, hemos realizado la actividad acompañados por la música que ha tocado en directo nuestro invitado al aula, **Adrián del Barrio,** con el que hemos compartido esta actividad musical y emocional.

Desarrollo: Esta propuesta se ha realizado a través de una provocación al juego. Los alumnos se han encontrado con la disposición en espiral de los instrumentos sobre los papeles de colores y se les ha dejado un tiempo para que los toquen libremente. Tras esta exploración, hemos explicado en una asamblea cada instrumento, su nombre y su función. Por último, hemos ido tocando instrumentos y expresando emocionalmente aquello que la música, que nos tocaba Adrián a la guitarra, nos hacía experimentar.

Acompañamiento: La música está muy ligada al estado emocional, y sirve tanto para expresar nuestras emociones, como para gestionarlas. A través de esta propuesta, los niños y niñas son más conscientes de esta relación tan íntima y les damos la oportunidad de experimentarlo de una forma muy lúdica y vivencial.

LA GESTIÓN EMOCIONAL

También llamada autocontrol y regulación emocional. Se trata de poder manejar, gestionar o moderar las reacciones emocionales propias ante las situaciones que se nos planteen, ya sean categorizadas como positivas o negativas (a mí me gusta más llamarlas agradables o desagradables). Sería llegar al propio control de nuestras respuestas ante las diferentes situaciones.

En este apartado hemos de tener en cuenta que existen multitud de herramientas y técnicas de autorregulación emocional, y que, además, todas ellas son diferentes dependiendo de qué persona las aplique.

Voy a hacer una clasificación muy genérica que agrupa estas herramientas en:

◆ **Verbales:** hablar, escribir, leer, dramatizar...

◆ **Artísticas:** pintar, bailar, expresión corporal, escuchar música, esculpir...

◆ **Físicas:** técnicas de respiración, masajes, deporte, ...

◆ **Mentales:** meditación, mindfulness, visualizar, psicoterapia...

◆ **Otras:** llorar, dormir, ir a un lugar, la naturaleza, el silencio, risoterapia, coser...

Esta clasificación nos va a servir para optar por unas o por otras en las diferentes situaciones que se nos planteen, y también para que haya de diferentes tipos dentro de la propuesta a la que he llamado "Cajas emocionantes".

"LAS GAFAS DE LA ALEGRÍA"

Material: Gafas resultonas y divertidas. Hemos elegido unas de brillantes de colores.

Desarrollo: ¿Somos capaces de ver la alegría a nuestro alrededor? ¿Y verla, aunque tengamos una emoción desagradable? Ponte estas gafas y enumera todas las cosas alegres que ves a tu alrededor, verás como tu estado emocional será diferente.

Acompañamiento: La persona que tiene las gafas nos va diciendo aquello que ve, y nosotros vamos ayudando a que se fije en cosas que pasan desapercibidas. Hacemos una lista con todas ellas para recopilar de diferentes personas y reflexionar.

"LO QUE AHORA NECESITO ES..."

Material: Imágenes grandes de las diferentes emociones o estados, e imágenes que representan diferentes formas de gestionar esas emociones.

Desarrollo: Un alumno o alumna tiene una imagen con una emoción y dice al resto "estoy..., o me siento..."

así que "lo que ahora necesito es..." Los demás buscamos entre las imágenes expuestas, aquello que puede necesitar cuando se siente así y se lo damos. La persona nos responde si es correcto y por qué.

Acompañamiento: Las diferentes maneras de gestionar las emociones han salido de sus propias aportaciones sobre sus necesidades. Vemos que para cada persona es diferente aquello que necesita cuando se siente de diversas maneras. Desarrollamos también así la empatía.

"LAS CAJAS EMOCIONANTES"

Material: Cajas, imágenes de diferentes estados y emociones, materiales escolares y material para gestión emocional de las diferentes emociones.

Desarrollo: El objetivo es tener en el aula nuestro "Rincón emocional" o "Rincón Arcoíris" (no solo nos conformamos con el famoso rincón de la calma). En este rincón, tendremos dispuestas diferentes cajas, que hemos fabricado nosotros mismos, y que contienen diferentes recursos para expresar y gestionar nuestro estado en función de las necesidades. El alumnado puede ir al rincón cuando crea que lo necesita. Tenemos para cada emoción o estado una caja diferente.

Acompañamiento: Dependiendo de la edad, vamos haciendo cajas de estados o emociones básicas o más complejas. El contenido de las cajas es consensuado y creado por nuestro alumnado, así se ajustará a nuestra realidad y necesidades. Las cajas emocionantes también pueden contener objetos que los niños aporten desde sus casas, con la premisa de que todos lo puedan utilizar, sin excepciones.

"SOY ABRACITOS"

Material: Muñeco Abracitos.

Desarrollo: Abracitos ha llegado a nuestra clase para ayudarnos y acompañarnos cuando lo necesitemos. Es un duende del bosque, que en este caso ha sido creado expresamente por **Aida del Barrio** para nuestra aula, y que ella misma ha venido a presentarnos. Posee unas orejas grandes para escuchar lo que nos pasa y unos brazos muy largos para darnos abracitos cuando lo demandemos. Este muñeco puede tener en nuestra aula un lugar específico, al alcance de los niños, o también formar parte de nuestro "Rincón emocional". Los niños buscan y cogen al muñeco para que les acompañe según sus necesidades emocionales.

Acompañamiento: A través del muñeco, los niños se sienten acogidos de una forma afectiva. Nosotros les proponemos que pueden cogerlo si lo necesitan. Cuando están acompañados por el muñeco, les pedimos que verbalicen si se sienten mejor y por qué ha cambiado su estado.

LA EMPATÍA

Es comprender, compartir y preocuparse por las emociones de otras personas. Percibir los estados emocionales de los demás y poder adoptar el rol del otro conociendo sus sentimientos, pensamientos y acciones (o lo máximo posible).

Quisiera hacer una distinción entre dos palabras que se confunden mucho, sobre todo por los niños. Parte de la diferencia etimológica entre **simpatía**, que es "sentir con" y **empatía**, que es "sentir en". Esta última hace referencia a un sentir desde dentro del otro, y se compone de tres destrezas y procesos ordenados: **escuchar** (proceso cognitivo), **comprender** (proceso emocional) y **responder** (proceso motivacional). La primera, escuchar, nos brinda el poder detectar oportunidades del interlocutor para empatizar con él, pues nos habla de sus emociones, sentimientos, pensamientos, creencias, etc.

El proceso tendría la siguiente fórmula:

COMPRENDERLO + SENTIRLO + TRANSMITIRLO.

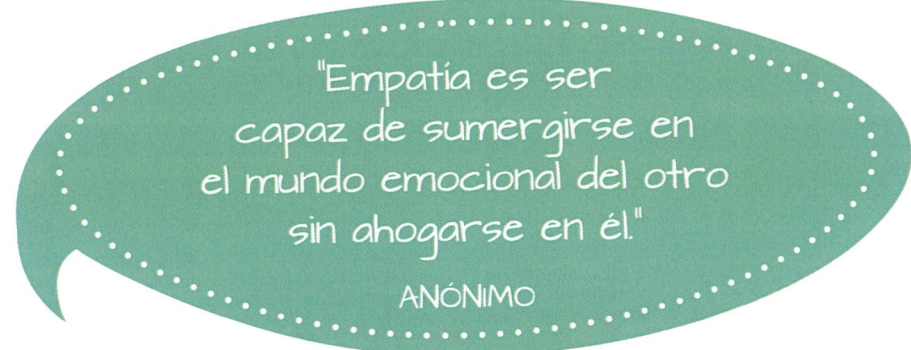

"Empatía es ser capaz de sumergirse en el mundo emocional del otro sin ahogarse en él."

ANÓNIMO

"¿QUÉ SENTIRÍAS SI...?"

Material: Dados pequeños con bolsillos, en este caso de tres colores, e imágenes con tres clasificaciones.

Desarrollo: Todos sentados en círculo menos el niño o niña que le toca tirar los dados. Tenemos tres dados, así que primero tiramos el dado de los personajes, luego el dado de las acciones y por último el de objetos. Así, construimos una situación para expresar cómo se puede sentir el sujeto de la acción y cómo se sentiría el mismo si le ocurriera eso. Por ejemplo: 1- anciano, 2- caer al suelo, 3- un patinete, dan como resultado "Un anciano que se cae con un patinete", ¿qué siente el anciano?

Acompañamiento: Podemos también verbalizar los sentimientos del objeto que recibe la acción, así trabajar más la fantasía y la creatividad del alumnado. En el caso anterior sería el patinete que se cae.

"EL ESPEJO"

Material: Tarjetas con diferentes estados o emociones.

Desarrollo: Disponemos al alumnado en parejas. Un componente de la pareja saca una tarjeta y le reproduce la emoción que le ha salido al otro, a través de una situación. Después, la pareja ha de hacer de espejo, y decir y representar lo más exactamente posible, lo que le han expresado a él.

Acompañamiento: Damos consignas como "me siento… porque… y necesito…". Posteriormente, reflexionamos sobre qué hemos sentido cuando éramos el otro compañero, y sobre lo diferentes e igualmente válidos y excepcionales que somos cada uno de nosotros.

"ME PONGO EN TUS ZAPATOS"

Material: Zapatos propios y recipiente o bolsa grande.

Desarrollo: Todos nos quitamos los zapatos y ponemos uno de ellos dentro de un saco o recipiente preparado para la ocasión. Sentados en círculo, con el saco en el medio, vamos levantándonos por turnos, salimos al centro, y cogemos un zapato al azar. Averiguamos de quién es, y al ponérnoslo, nos transformamos en esa persona. Tenemos su gesto y nos movemos y hablamos como ella. La persona representada responde si se reconoce a través del otro, y también el resto aporta opiniones. Podemos añadir a la representación alguna emoción para que sea dramatizada y reflexionar sobre cómo nos sentimos cada uno. Vamos realizando una lista de palabras aportadas por el alumnado y que creen que definen a cada miembro de la clase.

Acompañamiento: Es esencial que sepan cómo los ven desde fuera para que construyan la imagen de sí mismos. En este caso, hemos de dar algunas normas como que no vale reírse de los demás ni etiquetar. Podemos crear con las palabras de la lista, un cuadro a cada niño con el nombre "En los zapatos de..." y escribir dentro de la imagen de un zapato, las palabras que entre todos hemos acordado que definen a cada uno.

74

"SI YO FUERA..."

Material: Imágenes como viñetas de cómic.

Desarrollo: Dividimos a la clase en dos grupos. Mostramos una tira de cómic de un personaje que se enfrenta a diferentes situaciones, a modo de secuencia temporal. Una vez observadas las viñetas, que no contienen texto, les dejamos que interpreten lo que pasa en las imágenes y debatan sobre qué harían si fueran el personaje que aparece. Luego, nos han de compartir su situación con la frase "si yo fuera... me sentiría... y haría...". Aprendemos aquí a interpretar imágenes, como fuente de expresión.

Acompañamiento: Observamos y escuchamos sus diferentes reflexiones para posteriormente preguntar sobre ellas y abrir un debate sobre la opción elegida.

LA ASERTIVIDAD

Dentro de este concepto, voy a citar dos definiciones que me parecen las más apropiadas. Una es el **"Comportamiento que fomenta la igualdad en las relaciones humanas, permitiéndonos actuar en defensa de los intereses propios, defendernos sin ansiedad injustificada, expresar sincera y agradablemente nuestros sentimientos y poner en práctica nuestros derechos personales respetando los derechos de los demás"** (Alberti y Emmons, 1970). Y la otra, la **"Capacidad de autoafirmar los propios derechos sin dejarse manipular y sin manipular a los demás"** (Castanyer, 1996).

Hay que tener en cuenta que la asertividad implica unas características que la delimitan:

◇ Afirmación de los sentimientos o deseos personales.

◇ Situada dentro de una situación interpersonal.

◇ Que supone conseguir el sentirse bien con uno mismo.

◇ Que implica comportamientos de no rechazo.

◇ Abarca lo que se dice y cómo se dice: formas verbales y no verbales.

"Cuando hables procura que tus palabras sean mejores que el silencio"

PROVERBIO INDIO

"TERMINA LA HISTORIA"

Material: Diferentes imágenes con personas y opciones de situaciones de comunicación para proyectar en el aula. Equipo informático.

Desarrollo: Planteamos una situación que le ocurre a una persona y que se ha de resolver hablando. Hemos de elegir entre tres diferentes posibilidades de resolución (que representan diferentes tipos de comunicación) y explicar por qué elegimos la opción.

Acompañamiento: Hemos de hacer hincapié en cómo nos comunicamos, las diferentes opciones que tenemos de hacerlo y la importancia de parar y pensar antes de hablar o decir algo que no guste.

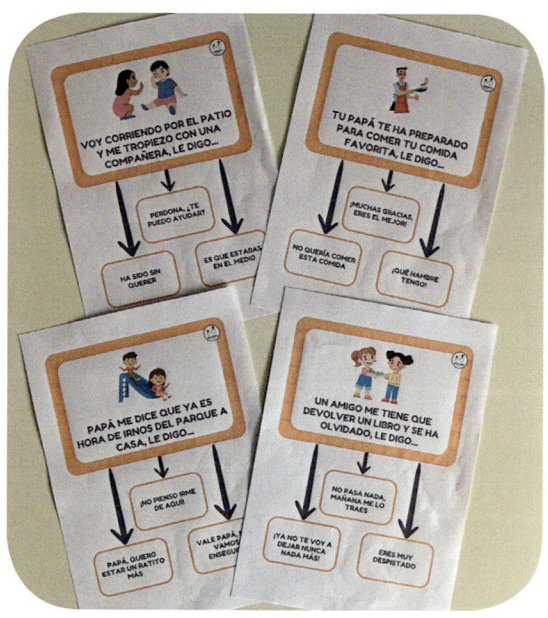

"VEO POR TUS OJOS"

Material: Imágenes con formas para describir, colorines y papel.

Desarrollo: Un alumno o alumna tiene una imagen que solo ha visto él o ella. Se trata de que a través de sus palabras transmita al resto aquello que ve en la imagen. El resto van dibujando lo que entienden. Al final, el elegido muestra la imagen al resto y viceversa, para ver si coinciden.

Acompañamiento: Mientras van mostrando sus dibujos, han de darse cuenta de que muchas veces no coincide aquello que decimos con lo que se entiende. Así que nos hemos de cerciorar de lo que llega al otro cuando hablamos, para que no haya malentendidos.

"WHATSAPPS AMOROSOS"

Material: Caja y plantilla de mensaje de WhatsApp.

Desarrollo: Como los mayores se comunican mucho por WhatsApp, pues nosotros también lo vamos a hacer. Dispondremos de un rincón donde tengamos un buzón de mensajes para todos los miembros del aula, y una cajita o bandeja con las plantillas de mensajes. En este buzón, podremos enviar mensajes a quien queramos, depositándolos dentro.

Pueden ser textos, dibujos... pero tienen que estar expresados con una condición: con amor. Tendremos diferentes momentos en la jornada, a lo largo de cada semana, para abrir mensajes, mostrarlos y abrir debate.

Acompañamiento: Hemos de ir observando cómo se van distribuyendo los mensajes, si hay alumnado que recibe mensajes de WhatsApp continuamente, y otros que nunca. Así, podremos motivar a realizar algunos mensajes, e incluso hacerlo nosotras mismas a alguien. La reflexión posterior a la lectura de cada mensaje es si está hecho con amor y por qué.

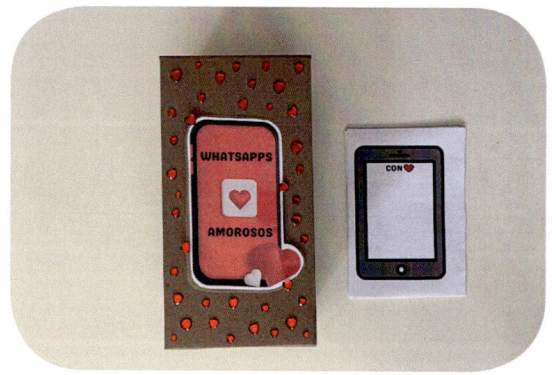

"LAS PALABRAS MÁGICAS"

Material: Materiales escolares y reciclados.

Desarrollo: Tras varias sesiones en asamblea donde hemos decidido cuáles son las palabras mágicas que nos gusta decir y escuchar cuando hablamos, y qué significan, las vamos a materializar para exponerlas por la clase y que no se nos olviden. Distribuimos al alumnado en peque-

ños grupos, y cada uno ha de realizar una palabra mágica con diferentes materiales. En nuestro caso, las palabras elegidas han sido: amor, besos, por favor, gracias, abrazos, amistad, perdón y ayuda.

Acompañamiento: Hacemos algunas dinámicas de construir frases con las palabras mágicas en diferentes situaciones. Desde que las tenemos por la clase, las señalamos cada vez que algún niño o niña las utilice, así como cuando no las diga y hagan falta.

LA ESCUCHA ACTIVA

"Consiste en una forma de comunicación que transmite ideas claras sin irrumpir al receptor; se realiza con libertad teniendo en cuenta lo que piensa y sienten los demás; se demuestra cuán atento está una persona durante el diálogo, es el tipo de comunicación reflejado en las acciones del emisor, es decir, **se escucha atentamente analizando, razonando y comprendiendo la información que se está transmitiendo en la conversación de una o varias personas. (...) Por ende, activa quiere decir atenta, comprendida y enfocada solo en la información que se transmite en la conversación"** (Hernández-Calderón, K.A. y Lesmes-Silva, A. K., 2018).

El término escucha activa enfatiza el aspecto de la **atención** y la devolución que hacemos cuando estamos en medio de una conversación (Cicap, 2015). Para facilitarnos la postura de llevar a cabo este tipo de escucha, debemos de recordar que cuando interactuamos, tenemos dos ojos, **dos orejas y una sola boca**, luego hemos de observar y escuchar el doble que hemos de hablar.

"Escuchar para comprender y no para responder"

ANÓNIMO

"ESCUCHAR CON ATENCIÓN"

Material: Cuento o parte de una historia.

Desarrollo: Vamos a escuchar atentamente una historia con el máximo de silencio y los ojos cerrados. Al terminar, tendremos que ir diciendo cómo nos hemos imaginado las diferentes situaciones y los personajes, con sus descripciones. Tras el relato, hacemos preguntas sobre comprensión lectora, en este caso auditiva, de la historia, y además de menos a más detalle, para comprobar el nivel de atención de los niños.

Acompañamiento: Nos damos cuenta de si muchos o pocos hemos entendido algo igual o diferente, siendo la misma historia contada, y cómo nos hemos fijado. Igualmente, compartimos lo que nos ha costado escuchar con atención. También, antes de compartir las diferentes recepciones, podemos dibujar algún personaje, para después compartir y descubrir diferencias y similitudes.

"ESCUCHA EL MUNDO"

Material: Diferentes sonidos para reproducir y pulsadores.

Desarrollo: Ponemos al alumnado repartido en cuatro grupos. Cada uno de ellos tiene un pulsador de luz y sonido. Se hará el máximo silencio posible, y el docente reproducirá un sonido a través de los altavoces. En cuanto lo escuchen, el grupo determina qué es lo que ha escuchado y a qué pertenece, para lo más rápidamente posible accionar el pulsador y decir la respuesta. Si es correcta, el equipo se anota un punto, y si es incorrecta habrá rebote a otro equipo.

Acompañamiento: Existe un debate anterior sobre la diferencia entre oír y escuchar, haciendo hincapié en la importancia de hacia dónde dirigimos nuestra atención. Vemos posteriormente, a qué grupo le ha costado más o menos escuchar.

"ESCUCHAR COMO LOS ANIMALES"

Material: Tarjetas con los diferentes animales, y texto con la historia sobre las diferentes formas de escucha de cada animal.

Desarrollo: En gran grupo, mostramos una tarjeta en la que está la imagen de un animal, y explicamos la forma en la que ese animal escucha. Lo mismo hacemos con el resto de las tarjetas. Vamos poniendo ejemplos sobre lo que hacen los niños y niñas, y el comportamiento de los animales para que los identifiquen. Desde este momento, acordamos que iremos diciendo a cada uno de nosotros la forma en la que escucha, simplemente nombrando al animal, y también iremos avisando de su nivel de escucha. Este material formará parte de las normas de la asamblea, cada vez que se realice esta actividad, o alguna que precise la escucha.

Acompañamiento: Bajo la premisa de que a todos nos gusta que nos escuchen cuando hablamos, estableceremos una pautas de avisos para aquel que le cueste hacerlo o no lo haga. Si no es capaz de escuchar entonces, tampoco recibirá nuestra escucha y atención cuando él o ella quiera hablar. Tenemos dos tarjetas con dos avisos, uno amarillo y el segundo rojo.

"LA ASAMBLEA FELIZ"

Material: Cartel con las normas de la asamblea, para mantener una escucha activa, y varita de corazón con orejas.

Desarrollo: Debatimos sobre la importancia de ser escuchados, como nos sentimos cuando lo somos y cuando no. Establecemos la necesidad de crear unas normas básicas que rijan nuestros intercambios comunicativos, y así lograr una "asamblea feliz". Vamos aportando ideas y consensuando esas pocas normas. Posteriormente, realizamos un cartel que situaremos en nuestro punto de encuentro o de la asamblea, y que iremos recordando cada vez que nos sentemos allí. Para saber quién es el portador de la palabra y distinguirlo del resto, tendremos una varita que tendrá la forma de un corazón con orejas, que nos recuerda que hemos de escuchar también con el corazón. Esta varita se irá pasando a quien quiera hablar en la asamblea y dará el turno de palabra.

Acompañamiento: Hemos de establecer una diferencia entre escuchar y escuchar con el corazón. Nos escuchamos porque nos queremos, y es importante para todos nosotros. A su vez, todos somos igual de importantes en nuestro equipo de clase y merecemos ser escuchados.

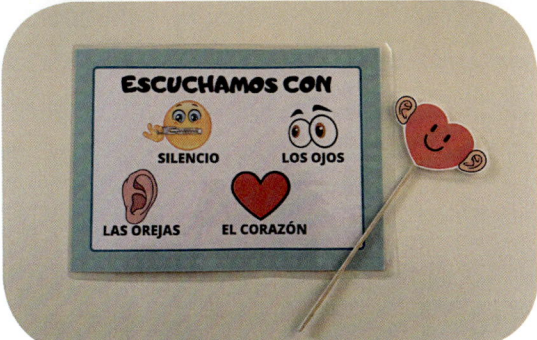

¡ACCEDE DESDE AQUÍ A TODOS LOS MATERIALES DESCARGABLES DEL BLOQUE 2!

CONTEXTUALIZACIÓN Y DESARROLLO DEL ARCOÍRIS

¿CÓMO NACE ESTE ARCOÍRIS?

Hace tiempo, me di cuenta de cuántas veces se dirigen a nosotros y nos preguntan: "¡Hola! ¿Cómo estás? ¿Qué tal? ¿Cómo va?" Incluso hasta varias veces al día, dependiendo a cuántas personas te vayas encontrando a lo largo de él. La verdad es que estas preguntas forman parte de las convenciones sociales propias de nuestra cultura, y las personas las utilizamos de forma automática en nuestro día a día. Pero ¿Sabes qué contestar a estas preguntas? ¿Eres sincera en tu respuesta? La mayoría de las veces, respondemos con un "bien" muy socorrido, que incluso nos sale solo, pero que muchas veces no coincide con la realidad que estamos viviendo en ese momento. Pero claro, no te vas a poner a contarle tu momento vital a todo el que te vayas encontrando, y menos si es un vecino que te pregunta por simple amabilidad o educación.

Pues esta propuesta del recurso que ahora os planteo nace justamente de eso, de no saber qué contestar a cómo me encuentro, de no que-

rer enrollarme a hablar, pero tampoco mentir a mí misma ni al resto sobre mi estado. Y también surge de compartir estas dudas e inquietudes con los demás y ver que a ellos también les pasa lo mismo que a mí o muy parecido. A veces, compartíamos opiniones como: si nos preguntan cómo estás, deberíamos de contestar: ¿tienes un par de horas y te lo cuento? O ¿Me lo preguntas porque de verdad lo quieres saber? Con los niños me pasa igual, cuando les pregunto cómo están, pienso instantáneamente que he de disponer de tiempo para que me cuenten, o si no, mejor no preguntarles...

En mi camino hacia el conocimiento y descubrimiento de herramientas que nos ayudaran a comunicar nuestro estado de ánimo de una manera más afectiva y efectiva con las personas que nos rodean, he ido descubriendo algunas como el *Termómetro emo-*

cional, el Mood-Meter, la Rueda de las *emociones o el Semáforo de emociones, entre otras.* Pero todos ellos me han parecido incompletos e incluso poco intuitivos, ya que solo muestran y responden a una parte de nuestro estado de bienestar: el emocional, obviando otros de vital importancia. Cuando yo me refiero a nuestro **estado de ánimo o de bienestar,** me refiero al constructo de estos tres estados: **el físico, el emocional y el mental,** que son independientes entre sí pero que conforman juntos nuestro ánimo o predisposición ante la vida en un momento determinado. Y es justo de aquí, de donde nace este Arcoíris. De la carencia de herramientas para el desarrollo, esas habilidades que nos permitan un mayor autoconocimiento e introspección de nuestro estado anímico, y a su vez, de los estados de los demás para comunicarnos, relacionarnos y convivir.

Y es que, **Tenemos una necesidad evidente de reconocer nuestros estados físicos, emocionales y mentales (propios y ajenos), como el primer paso para cualquier cambio o transformación que queramos rea-** lizar, a través de la comprensión y la gestión socio-emocional.

¿Y por qué un arcoíris? Porque mirando un día, uno con detenimiento, analicé que, para que apareciera

"CUANDO LLUEVA DENTRO DE TI BUSCA TU ARCOIRIS"

este fenómeno óptico tan bonito, tenían que darse dos fenómenos meteorológicos totalmente opuestos, y, además, simultáneamente. Pensé, es como cuando lloras y ríes a la vez... o sea, que nosotros también tenemos un arcoíris de posibilidades de sentirnos, y hemos de poseer un puente multicolor entre todas esas formas en las que nos encontramos, donde todas son válidas y nos aportan información muy valiosa. Y de este eje central nace todo el programa. De realizar un paralelismo entre el clima que hay afuera, el exterior, y nuestro clima por dentro, el interior; para exponerlo en un arcoíris con nuestros estados de ánimo.

¿QUÉ ES EL ARCOÍRIS ANIMADO?

Una de las cosas que hacemos continuamente cuando nos tenemos que ir de viaje, tenemos una actividad importante, o queremos hacer planes, es mirar el tiempo que va a hacer ¿Y por qué? Pues porque con arreglo a ello, nos prepararemos de una forma o de otra, planearemos una actividad u otra, llevaremos unas cosas u otras, nos vestiremos de una forma u otra, ... Así que, el clima exterior va a ser determinante para tomar nuestras decisiones y desarrollar nuestras jornadas. ¿Y si también nos preguntáramos qué tiempo hace por dentro de nosotros antes de tomar decisiones o realizar actividades? De esta manera, también nos podríamos preparar o adecuar los recursos necesarios para nuestros planes o actividades diarias ¿no?

EL ARCOÍRIS ANIMADO

¿Cómo estás hoy?

¡FELIZ DÍA!

Así que, este recurso que os presento aquí es un **programa de conocimiento, comprensión y gestión del estado de bienestar** (que abarca emociones, pensamientos y conductas), tanto a nivel intrapersonal como interpersonal. Es una herramienta de comunicación para conocer y mostrar tus niveles de bienestar físico, emocional y psicológico; y poder obrar en consecuencia. Y también es un recurso educativo y didáctico (extensible en la comunidad educativa y la sociedad) para facilitar la enseñanza y comprensión de emociones, estados anímicos y estados físicos; así como para poder comunicarlos.

¿PARA QUÉ SIRVE?

Principalmente sirve para **reconocer y ubicar nuestro estado de ánimo** de una manera integral y sencilla, y poder comprender y gestionar dicho estado. Fernández–Abascal y Palmero Cantero (1998) describen las emociones como procesos que permiten prepararnos para afrontar las situaciones que hemos de vivir. Por tanto, estos, actúan como mecanismos de adaptación y regulación con uno mismo y con los demás.

A través de este sistema tan intuitivo, podemos compartir nuestros estados con diferentes círculos de influencia (compañeros, amigos, familia, alumnado, etc.). De esta manera, ampliaremos nuestro autoconocimiento socio-emocional, y hará que nuestras interacciones y relaciones sean más exitosas, al igual que se generará un mayor nivel de bienestar personal.

> "La capacidad para reconocer expresiones emocionales se relaciona con una mayor percepción de aceptación social y con el establecimiento de relaciones de calidad dentro del entorno",
>
> CIARROCHI, CHAN Y CAPUTI

Es vital para cualquier persona, y en este caso, docentes y discentes, tener herramientas útiles que permitan construir un autoconcepto y una autogestión adecuadas de nuestra persona y estado del ánimo para adaptarnos a las circunstancias del entorno.

Este recurso está dirigido a personas a partir de tres años de edad, igualmente para cualquier miembro de la comunidad educativa o para la sociedad en general.

Hay diferentes versiones del Arcoíris, dependiendo de la edad a la que va dirigido, al lugar donde se ubique y al número de personas que lo utilicen.

> "La salud es un estado de completo bienestar físico, mental y social, y no solamente la ausencia de afecciones o enfermedades."
>
> OMS

VERSIÓN ADULTOS, JÓVENES Y NIÑOS

(a partir de 8 años)

Lo primero es parar, observar y preguntarnos ¿Cómo estoy? ¿Cómo estás? Y a partir de ahí, vamos a identificar nuestro nivel de bienestar físico, emocional y mental; en una escala progresiva de cinco opciones, dividida en tres categorías.

1º ESTADO FÍSICO: ENTRE SOL Y NUBES

Vamos a ver cómo nos encontramos físicamente, que es nuestro nivel de activación. Observamos si estamos cansados, despejados, tenemos al-

guna dolencia, enfermedad... Y entonces elegimos nuestra condición de entre:

◇ Soleado

◇ Mayormente soleado

◇ Parcialmente nublado

◇ Mayormente nublado

◇ Nublado

Estado Físico

SOLEADO

MAYORMENTE SOLEADO

PARCIALMENTE NUBLADO

MAYORMENTE NUBLADO

NUBLADO

2° ESTADO EMOCIONAL: LA LLUVIA

En segundo lugar, analizamos nuestro estado emocional, es nuestro nivel de bienestar o placer en ese momento. Podemos estar muy contentos, tristes, enfadados, eufóricos, deprimidos, relajados... Y así, una vez identificado, escogemos nuestro estado emocional de entre:

◇ Despejado

◇ Probabilidad de lluvia

◇ Lluvias débiles

◇ Fuertes chubascos

◇ Tormentas eléctricas

3°ESTADO MENTAL: EL VIENTO

Para terminar, determinamos nuestro estado mental, vemos cómo tenemos de despejada o saturada nuestra mente. Observamos el nivel que tenemos de pensamientos intrusivos, estrés o serenidad mental, para elegir entre las opciones mentales que son:

◇ Sin sensación de viento

◇ Suave brisa

◇ Viento variable de...

◇ Fuertes ráfagas de viento

◇ Huracanado

Una vez identificados los tres estados y seleccionadas las tres condiciones meteorológicas, vamos a ubicar nuestro estado resultante en nuestra ventana. La imagen de una ventana simboliza el abrir nuestro interior para descubrirnos y mostrar cómo estamos. Es por eso, que cada uno dispone de una ventana abierta, donde muestra su estado, pero también tiene una cerrada, por si no lo quiere compartir en ese momento. La ventana también contiene nuestro nombre, y así ejerce de avatar para indicar cómo nos encontramos y que el resto nos pueda identificar, al igual que nosotros a ellos.

Cuando tenemos lista nuestra ventana, la colocamos en nuestro Arcoíris, que sirve de panel y soporte para que compartan sus estados todos los miembros que lo utilicen, ya sea en el cole, instituto, casa, oficina... Allí, la pondremos ubicada en uno de los diferentes colores del Arcoíris, dependiendo de nuestro estado de ánimo resultante. La gradación irá desde el color rojo, identificado como "estoy genial", pasando por el del medio, el verde, de lo que decimos "estoy bien"; hasta el violeta de "estoy fatal".

Vamos ahora a poner un ejemplo cotidiano. Yo soy una maestra que llega por la mañana al colegio, después de haber estado casi toda la noche sin dormir, debido a que mi hijo estaba enfermo. Además, al sonar el despertador he discutido con mi pareja porque no se ha levantado en toda la noche a relevarme. Así que me voy a trabajar dando muchas vueltas a lo que ha pasado, cómo poder solucionarlo y cómo pasar el día en las mejores condiciones posibles. Entro en mi aula y me tengo que ubicar en el Arcoíris que tenemos allí para todos. Paro, observo y me pregunto... ¿Cómo estás ahora? ¿Cuál es tu clima interior? Me contesto:

◇ Físicamente estoy "mayormente nublada" (estoy cansada, me duele la cabeza y tengo sueño).

◇ Emocionalmente estoy con "fuertes chubascos" (estoy enfadada y triste por la discusión en casa).

◇ Mentalmente estoy "huracanada" (no me puedo quitar de la cabeza lo que ha pasado con mi pareja ni la enfermedad de mi hijo).

Así que este sería el estado de mi clima interior: "Mayormente nublada, con fuertes chubascos y huracanada".

VERSIÓN INFANTIL (de 3 a 8 años)

Comenzamos también preguntando ¿Cómo estás? Para que los niños aprendan a parar y tomar consciencia de su estado. Aquí reflejarán un estado general, no lo vamos a dividir en categorías. Por eso, no aparecen solo emociones, sino diferentes estados de ánimo que los niños usan habitualmente. El constructo en este caso ya está realizado, el alumnado solo se ha de identificar y colocarlo. Después, cuando el niño o niña explique porqué se encuentra así, podremos reflexionar sobre si es algo físico o de otra índole, para que vayan descubriendo las diferencias.

En esta versión las imágenes son más sencillas y las categorías más reducidas. Nuestras diferentes posibilidades de clima interior son:

◇ CONTENTO/A: SOL

◇ TRISTE: LLUVIA

◇ ENFADADO/A: TORMENTA ELÉCTRICA

◇ NERVIOSO/A: VIENTO

◇ CALMADO/A: LUNA

◇ ENFERMO/A: NIEVE

◇ CANSADO/A: NUBES

Emociones para niños

CONTENTO/A   CALMADO/A   TRISTE   ENFADADO/A

NERVIOSO/A   ENFERMO/A   CANSADO/A

Con esta forma, podemos optar por diferentes posibilidades de representación en el aula, dependiendo de cómo la tengamos organizada o decorada, o de cuántos seamos. Podemos hacer un panel con el Arcoíris, del que salen los diferentes estados, y los infantes tienen unas pinzas con sus fotos o nombres (dependiendo de la edad), que van colocando en las imágenes en las que se sienten identificados. Otra opción es tener botes, que pueden ser de diferentes materiales (cartón, plástico, madera, cristal...), y en cada uno está la imagen del estado del clima. El alumnado tiene unos palitos identificativos que pondrán dentro de los botes. También podemos tener el panel del Arcoíris y las ventanas para cada alumno donde colocan su estado (cada uno tiene su pack), para edades superiores.

Este Arcoíris animado tiene su versión en papel, en diferentes formatos, para poder ponerlo a la vista en diferentes lugares y con diferentes personas o sistemas a los que pertenecemos. Podéis acceder a las descargas de las diferentes versiones y formatos **en el QR** que encontraréis al final de este Bloque.

Además, existe otro formato digital/web que se puede utilizar directamente en cualquier navegador de cualquier dispositivo (PC, tableta, smartphone). Esta adaptación trata de dar respuesta a distintas ne-

cesidades, como la participación de grupos grandes (de más de 20 personas) o para la docencia o interacción online. A través de ella, se permitirá registrar, por fecha y con todos los estados señalados, para poder ser consultados de nuevo en cualquier momento, lo que ayudará para realizar estadísticas y seguimientos.

¿PARA QUÉ UTILIZAR EL ARCOÍRIS?

En primer lugar, utilizamos el Arcoíris como recurso práctico de **autoconocimiento y educación emocional.** Necesitamos poseer esta clase de instrumentos que nos ayuden a parar en algún momento de la jornada y poder darnos cuenta de cuál es nuestro estado. A través de nuestros síntomas físicos, emocionales y mentales poseemos una valiosa fuente de información sobre uno mismo. De esta forma seremos más conscientes de cómo vamos andando por la vida, en nuestro trabajo, en nuestro hogar, y también con nosotros mismos y los demás. Es una forma de **comprobar nuestra salud** a distintos niveles, ya que existe una conexión comprobada entre nuestras emociones, estados y nuestra salud más corporal.

En segundo lugar, esta herramienta nos dota de un mecanismo de **comunicación** muy útil y sencillo de utilizar, ya que la mayoría de las personas conocemos los símbolos del clima atmosférico, y son conceptos muy cotidianos y aplicables. Es muy fácil establecer una correspondencia entre el clima exterior y el clima interior. De esta forma, la comunicación, tanto interna como externa, se hace fluida y fácil de representar para poder comunicarnos personal e interpersonalmente. Cuando convivimos con otras personas, es de vital importancia tener un **mínimo de información** sobre lo que nos pasa. Con el Arcoíris no se pide que contemos el porqué de nuestro estado, eso ya es opcional y respetable, pero si acordamos un mínimo de intención comunicativa que nos deje obrar en consecuencia por el bien común y la convivencia sana.

Centrándome en el ámbito educativo, la utilización de este recurso como herramienta didáctica y a la vez lúdica, facilita el **aprendizaje y la comprensión de las emociones y estados de ánimo,** tanto del alumnado como del profesorado. De esta forma, se mejora la autoconciencia y la **gestión emocional y conductual** beneficiando aspectos tales como el rendimiento y el clima en las aulas y en los centros educativos; además, es extensible todo lo anterior al grupo social donde se aplique. También se pueden obtener resultados para tener conocimiento y/o realizar estadísticas sobre los estados de ánimo en los miembros que componen un aula, un centro educativo, o un grupo familiar o social.

Y por último y no menos importante, es para responder a esa pregunta que nos hemos hecho antes ¿Y si también nos preguntamos qué tiempo hace por dentro antes de tomar decisiones o realizar actividades, y así, también nos podemos **preparar o adecuar los recursos necesarios** para nuestros planes o actividades diarias? Pues directamente para eso, para conocernos y autoconocernos cada vez más y mejor. En esta parte, añadimos al Arcoíris otros dos recursos básicos: *El kit esencial y el Armario para el ánimo.*

Una vez sabemos cómo nos encontramos, es hora de pasar a la regulación o gestión de ese estado, si es necesario. Para ello, tendremos siempre a mano nuestro Kit esencial para el ánimo, un maletín de primeros auxilios donde poder encontrar aquello que nos haga falta para aplicar rápidamente. Esto sería lo mismo que ese neceser de viaje o botiquín, donde tenemos lo imprescindible en caso de emergencia.

Un dato esencial a tener en cuenta es que regular o gestionar tu emoción o estado no significa reprimirlo o ahogarlo. Partimos de la premisa de que todas las emociones y estados son

igual de válidas, y han de ser vividas plenamente para que pueda haber un conocimiento e intervención posterior apropiados. Se trata de que cada persona busque su adaptación, teniendo en cuenta sus características personales y circunstancias singulares. Hemos de ser capaces de "parar", para darnos cuenta de los estímulos y síntomas que nos llegan, y así dar la respuesta que más nos convenga o proporcione bienestar en nuestra vida personal y social.

Imaginemos que nos vamos a pasar un día en el campo con la familia y vemos que el tiempo da un alto porcentaje de lluvia, ¿qué haremos? Pues seguro que preparar nuestro neceser o bolsa esencial con: un paraguas, chubasquero, ropa de recambio… y además podremos modificar con antelación las actividades que tengamos planeadas y vestirnos más adecuadamente. Pues para nuestro

clima interior igual. **En nuestro Kit** dispondremos de los recursos (físicos o acciones) necesarios para enfrentarnos a diferentes actividades en diferentes estados de ánimo, dependiendo de nuestro clima interior.

Lo podemos aplicar con el ejemplo que hemos utilizado antes, el de la maestra, ¿qué herramientas de gestión o regulación podría utilizar ella de su Kit para el estado en el que se encuentra? Pues podría tomarse un café o un té para combatir el sueño, tomar un calmante para el dolor de cabeza, mandarle un mensaje a su pareja diciéndole que luego hablarán calmadamente, poniéndose una alarma para preguntar a la cuidadora de su hijo, haciendo con el alumnado actividades más relajadas ese día... ¿ves? Todo es cuestión de conocerse más e ir seleccionando aquello que nos sirve en diferentes situaciones. Y hay que saber que existen tantas estrategias y recursos de regulación, como emociones, momentos y personas en el mundo, ya que a cada uno de nosotros nos servirán cosas muy diferentes. Hay personas que cuando sienten rabia necesitan gritar, otras respirar, otras golpear... O que cuando están tristes necesitan llorar, o hacer deporte, o escuchar música, o pasear...

Y de todas esas innumerables opciones anteriores sale el otro recurso, nuestro *Armario para el ánimo*. Dentro de él, iremos creando nuestro "fondo de armario" con todo lo que sabemos que nos sirve o necesitamos en momentos concretos, para diferentes actividades y dependiendo de nuestros estados, sobre todo para esos que calificamos como "negativos o desagradables". Saber qué necesito cuando estoy aburrida, deprimida, furiosa, nerviosa, agotada, etc.; me va a servir de gran ayuda para expresar, transitar, comprender y gestionar mis diferentes estados, sean de la índole que sean.

Como docentes, hemos de proporcionar al alumnado, y cuanto más temprano mejor, una educación socio-emocional que les proporcione herramientas útiles para sus vidas presentes y futuras; e igualmente para utilizar consigo mismos y con los demás.

Un dato importante, tanto el Kit como el Maletín deben estar en continua revisión y ensayo de los elementos que contienen, pues nosotros mismos vamos cambiando el momento vital que atravesamos y lo que hace tiempo nos podía funcionar, puede que ahora ya no. Son instrumentos que permanecen "vivos" y no sirven de nada si se quedan estancados o en el olvido.

Dentro de las actividades que se encuentran a continuación, en la llamada "Compartimos outfits" **tenéis una plantilla del Kit y del Armario vacíos, para poder rellenar con vuestros propios recursos, o dársela a vuestros alumnos y familiares.**

¿QUÉ LO HACE DiFERENTE?

Como ya he mencionado antes, los instrumentos de "comprobación emocional" que he conocido solo se referían a eso, al estado emocional y quedaban incompletos. Solo muestran una parte de cómo nos encontramos. En cambio, el Arcoíris muestra un constructo que refleja un todo.

De manera **intrapersonal**, esta herramienta te permite darte cuenta de tu estado de ánimo para poder hacer una previsión o manejo de situaciones, y construir herramientas de conocimiento, comprensión y gestión de las mismas.

Y de manera **interpersonal**, lo que lo hace diferente es que puedes y te pueden comunicar sin palabras, y solo con un golpe de vista, mucha información. Por ejemplo, ver al llegar a casa puesto en el Arcoíris familiar de la nevera, dentro de la ventana de tu hijo adolescente un sol radiante que se sitúa en el color rojo, te dice en un momento muchas cosas y muy valiosas para cuando te encuentres con él. Es lo que lo hace único, el poder ver rápidamente y de una vez, decirles cómo estás y saber cómo se encuentran las personas con las que te relacionas o convives, y así, poder actuar en consecuencia.

¿CÓMO LO PODEMOS UTILIZAR EN EL AULA Y EN CASA?

Pues de una manera muy fácil, solo te lo has de descargar de aquí mismo, en el enlace que os he puesto más arriba, y puedes ponerlo en práctica en tu cole, en tu casa o en tu trabajo desde ¡ya mismo!

Además, en el siguiente capítulo, os voy a mostrar algunas propuestas de actividad que podéis realizar con el Arcoíris. Pero como sé que se os van a ocurrir muchísimas más, hemos creado lo que yo llamo la "Comunidad del Arcoíris Animado", donde podemos ir añadiendo todas las pro-

puestas y utilidades que se nos vayan ocurriendo con este Arcoíris, y así las podremos compartir entre todos. Ya sabéis que "Compartir es vivir".

Para que esto sea una realidad cada vez más grande, solo hace falta que etiquetéis vuestros **Posts** en vuestras redes sociales (en mi caso lo utilizo con Instagram), y añadir el hashtag **#arcoirisanimadoact** y así, poder disfrutar entre todos de ideas y recursos.

¡VENGA! ¿OS ANIMÁIS?

PROPUESTAS DE ACTIVIDAD CON EL ARCOIRIS

Partimos de que en nuestra aula tenemos nuestro Arcoíris Animado en un sitio visible. En él, aparecerán tantas ventanitas como personas seamos en el grupo, incluyendo al alumnado y todo el profesorado o personal que intervenga con él. Cada uno de nosotros tenemos también un sobre o cajita con todas las opciones de imágenes para poder construir los diferentes estados de ánimo, basándonos en las tres opciones climáticas.

Las propuestas que os voy a dar a continuación pueden modificarse en base a la edad del alumnado o etapa educativa en la que se encuentre, ya que sirven para todas ellas.

Al igual que en el bloque anterior, al finalizar este, tenéis el **código QR con los descargables de todo lo que aparece en este bloque** y los materiales de las actividades.

"¿CÓMO ESTAMOS?"

Al entrar al aula, cada uno vamos poniendo cómo estamos en nuestro arcoíris. Cuando están todos, se observa y se hace una reflexión sobre cómo está el grupo-clase ese día y se pregunta si alguien quiere compartir su estado al resto, y las razones por las que se encuentra así. Se puede ir modificando nuestro estado en diferentes momentos de la jornada, por ejemplo, al entrar del recreo o antes de irnos a casa. De esta forma, también vemos cómo vamos evolucionando anímicamente a lo largo de la jornada escolar.

Podemos también hacer pequeños Arcoíris si el alumnado está dispuesto en pequeños grupos de trabajo, y que cada uno disponga del suyo. Así nos será más útil conocer cómo se encuentra el ánimo de ese grupo en concreto cuando se dispongan a realizar cualquier actividad.

Esta propuesta la podemos realizar igual en casa, en nuestro Arcoíris Animado familiar, y también en diferentes momentos que pueden ser al levantarnos y al acostarnos.

"LA PREVISIÓN DE HOY"

En algún momento de la jornada, mejor durante una asamblea del gran grupo, cuando nos situemos en la fecha del día y percibamos el clima exterior, vamos indicando nuestro clima interior. Nos situaremos cada uno en el arcoíris y, si queremos, lo explicamos a los demás.

"COMPARTIMOS OUTFITS"

Hacemos que los niños y niñas rellenen 3 cosas en el Kit y en el Armario para el ánimo, que nos funcionan cuando estamos tristes, enfadados y nerviosos o estresados. Posteriormente, compartimos en pequeños grupos lo que hemos puesto cada uno. De esta forma, primero desarrollamos el propio autoconocimiento de los recursos necesarios para nosotros mismos en diferentes estados. Posteriormente, al ponerlos en común, conocemos nuevos recursos que podemos probar también nosotros. Igualmente, vemos lo diferentes que somos, aunque nos sintamos igual, y aprendemos respetar y validar esas diferencias. Como actividad final, podemos hacer un "fondo de armario para el ánimo" de toda la clase en un mural, que pondremos a la vista.

"EL DIARIO DE MI CLIMA INTERIOR"

Tenemos unas plantillas de nuestro clima interior, por meses, para poder colorear de los colores del arcoíris cada día. Se trata de ir registrando cómo nos vamos sintiendo, identificándonos con el color. En el caso de la versión infantil, se pondrán los avatares meteorológicos en lugar de colores. De esta plantilla, tenemos una copia en la escuela y otra en casa, para poder registrar los días escolares y festivos. También disponemos de unas hojas preparadas para poder escribir y expresar cómo estamos cuando queramos. Con estas diferentes plantillas se va conformando un diario para poder consultar y reflexionar. Es importante en este caso la unión entre escuela y familia, compartir experiencias y abordar la actividad desde las dos partes.

"POR LA CARA"

Para identificar los diferentes avatares meteorológicos, distribuimos unas pegatinas (que pueden ser papeles dibujados por los alumnos) de diferentes tipos de estados del clima, que tendrán que pegarse en la frente o la parte alta del pecho. La actividad consiste en movernos por un espacio delimitado e ir haciendo con gestos (y sin sonidos) las características de los estados de los demás que te vayas encontrando. Dependiendo de los diferentes gestos que hagan al encontrarse contigo, es como tú mismo averiguarás tu estado. Cuando creas conocerlo, has de ir buscando personas que creas que tienen tu mismo estado y agruparte con ellas.

"NUESTRAS PLAYLISTS"

Esta propuesta consiste en utilizar la música, tanto como herramienta de expresión emocional o del ánimo, como de reguladora y de gestión. Se trata de hacer unas "playlists" de nuestro grupo-clase para diferentes estados. Comenzaremos a crear estas listas a partir de una lluvia de ideas de todos, asociando canciones a los estados que acordemos. Por ejemplo, Playlist Alegría, Playlist Tristeza, Playlist Calma, Playlist Miedo, etc. Con todas ellas formaremos un cuaderno con las "Playlists para el ánimo", que tendremos al alcance de todos, utilizaremos en clase para trabajar e iremos construyendo con nuevas aportaciones.

"PARA GUSTOS LOS COLORES"

Se trata de ampliar el vocabulario de los diferentes estados de ánimo que tenemos asociados a los diferentes colores del arcoíris. Utilizamos la imagen del Arcoíris como mural para rellenar los colores con diferentes palabras que los puedan definir. El alumnado puede hacerlo con post-its que les hemos proporcionado, o con papelitos de diferentes colores. Ellos han de ir expresando diferentes palabras que se asocien con los estados, cuya graduación será la del propio arcoíris: del rojo que significa "genial", al violeta que es "fatal". Por ejemplo, al color rojo también se le pueden asociar palabras o expresiones como feliz, eufórico, voy a por todas, estoy que lo parto, ... Es importante que queden reflejadas expresiones que el alumnado utilice normalmente para que se sientan identificados. De esta forma construimos nuestro propio vocabulario emocional.

"AL MAL TIEMPO, MALA CARA"

Consiste en identificar diferentes gestos de la cara con los estados de nuestro clima. Esta actividad se puede llevar a cabo de diferentes maneras. Podemos dar unas tarjetas con imágenes de diferentes estados meteorológicos y que el alumnado dibuje o describa la cara de una persona que se corresponda, o al revés. También podemos hacerlo a través de la pantalla, y en pequeños grupos, a modo de concurso (incluso con pulsadores de luz y sonido). Otra opción es realizar un juego tipo Memory de búsqueda y asociación de las imágenes, que puede tener diferentes niveles de dificultad. De lo que se trata es de asociar las caras y los climas primero, para posteriormente abrir un debate sobre lo que haríamos si nos encontráramos a personas con esos estados. Así desarrollamos la inteligencia emocional interpersonal y la empatía.

"EL RINCÓN ARCOÍRIS"

Buscamos construir en el aula un rincón socio-emocional. Sería parecido al famoso y extendido Rincón de la calma, pero nosotros pretendemos ir un poco más allá, ya que, a veces, nos cuesta mucho volver a la calma cuando nos sentimos desbordados por alguna emoción, sobre todo si es desagradable. Con este rincón se pretende abarcar también el dejar que la emoción se exprese y sea acogida durante un tiempo y en un espacio. Por eso, lo vamos a construir con colores y elementos del arcoíris, y bajo el lema "Todo vale, déjate sentir" que estará representado con un cartel de arcoíris entre sol y lluvia. Dotaremos nuestro rincón con recursos para diferentes estados anímicos, incluso con objetos aportados por el alumnado. Allí, también habrá un espacio preparado para construir minimundos, con materiales estructurados y desestructurados, donde el alumnado pueda expresar libremente y representar su estado interior mediante el juego simbólico. Esta última propuesta es válida para cualquier edad, ya que hoy en día existen diferentes terapias que utilizan objetos y muñecos para representar lo que les pasa a las personas (de todas las edades) interiormente y les es difícil de expresar de otro modo.

"EL ARCOíRIS MINDFULNESS"

Esta propuesta es para ayudar a parar y ver cómo estamos antes de continuar. Podemos utilizarla en cambios bruscos de actividad o en algún momento puntual de la jornada. Consiste en Inspirar subiendo los brazos y formando un arco, y espirar formando el mismo arco hasta bajar los brazos a la posición de reposo. Respiraremos de esta forma siete veces, tantas como colores del arcoíris. Este recurso también puede ser utilizado como regulador del estado, por ejemplo, si estamos nerviosos y queremos recuperar la calma.

¡ACCEDE DESDE AQUÍ A
TODOS LOS MATERIALES
DESCARGABLES
DEL BLOQUE 3!

Pues hasta aquí ha llegado la aventura de este libro, ahora solo queda que nos acompañemos los unos a los otros, y salgamos a llenar nuestra vida, hogares y aulas de colores, y no olvidar que:

"Tienes en tus manos los colores de tu vida, elige cuáles prefieres"

AGRADECIMIENTOS

GRACIAS a Julio, mi compañero de vida, por acompañarme y apoyarme en cada una de mis aventuras a lo largo de 33 años. Sin ti nada de esto hubiera sido posible.

GRACIAS a Adrián y a Aida, por darme el título mas bonito y apasionante de mi vida. Ser vuestra madre y formar parte de vuestra vida desde entonces, es todo un orgullo para mí.

GRACIAS a todo el resto de familia que me alienta y decide acompañarme sin tener ninguna obligación.

GRACIAS a mis incondicionales. Mis eternas Mosqueteras, Raquel y Mª José; mi Piña universitaria, Carla y Laura; mi siempre dispuesta, Lola; mi pareja ali-cantina, Irene y mi alter ego chilena, Gabi. Vosotras me habéis enseñado lo que es la verdadera amistad, esa que me acompaña tanto en mis momentos de máximo esplendor, como en los que os toca hacerme de terapeutas.

GRACIAS a todos y cada uno de los niños y niñas con los que me he encontrado durante todos estos años como docente. Por hacerme sentir tan querida y enseñarme tanto sobre mi profesión. Por vosotros me he convertido en la maestra que soy hoy.

GRACIAS a las familias de mi alumnado, por confiarme a vuestros tesoros para que juntos les acompañemos en su aventura de descubrir y aprender a vivir.

GRACIAS a todos los compañeros y compañeras que me han acogido de cualquier forma, sean docentes o no, con los que he coincidido en todos los centros educativos de los que he formado parte. En especial a mis compis del Herrero, por compartir tantas experiencias dentro y fuera de la escuela; y a mi equipo de Infantil del Carles, por su implicación diaria y su predisposición y ayuda para que este libro haya podido ser una realidad. Y como no, a sus dos capitanas, Pilar y Lliris, dos grandísimas mujeres líderes que me han dado la libertad y la oportunidad de realizarme desarrollando mi labor como maestra y también me han acompañado y animado en mis primeras formaciones y asesoramientos.

GRACIAS a Laida, mi "primi", que ha captado con su objetivo mi esencia, y es la responsable de la preciosa portada de este libro y de muchas otras bonitas imágenes que ya forman parte de mi perfil profesional.

GRACIAS a Martín, mi maestro, profesor, compañero y amigo; por este sentido y emotivo prólogo y animarme y acompañarme en esta nueva etapa sin soltarme.

GRACIAS a la editorial Saralejandía, en especial a Javier, por escucharme, aconsejarme, creer en mi proyecto y confiar en mí para hacerlo posible y tangible de esta forma tan hermosa.

Y GRACIAS a mis antecesores docentes, mis abuelos maternos Mari y Alberto (mi Mami y mi Papi), y a mi Santa madre, por haberme transmitido el gen de la vocación docente.

BIBLIOGRAFÍA

Bach, E. (2017). Educar para amar la vida. Plataforma Actual.

Bach, E. y Darder, P. (2002). Sedúcete para seducir: Vivir y educar las emociones. Paidós.

Bisquerra, R., Pérez-González, J.C y García, E. (2015). Inteligencia emocional en educación. Síntesis.

Repetto, E. (2009). Formación en competencias socioemocionales. La Muralla

Vallés, A. y Vallés, C. (1996). Las habilidades sociales en la escuela. Una propuesta curricular. EOS.

Zarrias, E. (2017). Un cambio de mirada. Los inicios de una escuela pública activa. Disset.